D0785135

Le Québec contemporain

Dans la même collection

Volume I

Les grands personnages du XXe siècle

À paraître

Volume III

Les grands personnages historiques

Volume IV

Les grands conflits de l'histoire

Volume V

Le Québec des XVIIIe et XIXe siècles

Volume VI

Histoire générale

Volume VII

Le régime français

André Champagne

Le Québec contemporain

Entretiens avec l'histoire
Volume II

Septentrion/Société Radio-Canada

Les éditions du Septentrion reçoivent chaque année du Conseil des Arts du Canada et du ministère de la Culture et des Communications du Québec une aide financière pour l'ensemble de leur programme de publication.

Saisie et vérification : Sylvie Laprise et Ann Turcotte

Révision : Diane Martin

Mise en pages : Zéro Faute, Outremont

Si vous désirez être tenu au courant des publications
des ÉDITIONS DU SEPTENTRION
vous pouvez nous écrire au
1300, av. Maguire, Sillery (Québec) G1T 1Z3
ou par télécopieur (418) 527-4978

Les entrevues reproduites dans ce volume
ont été réalisées dans le cadre de l'émission
Au fil du temps, diffusée sur le réseau MF
de la radio de Radio-Canada.

Données de catalogage avant publication (Canada)

Champagne, André, 1952-

    Le Québec contemporain
    (Entretiens avec l'histoire; 2)
    Publ. en collab. avec: Radio-Canada.
    Comprend des réf. bibliogr.
    ISBN 2-89448-042-3

    1. Québec (Province) – Histoire – 20ᵉ siècle. I. Titre.
II. collection
FC2911.C5 1995   971.4103   C95-941585-8
F1052.95.C5 1995

Dépôt légal
4ᵉ trimestre 1995
Bibliothèque nationale
du Québec

Diffusion Dimedia
539, boul. Lebeau
Saint-Laurent (Québec)
H4N 1S2

Note de l'éditeur

La collection « Entretiens avec l'histoire » souhaite toucher un vaste public désireux de se familiariser avec des sujets historiques variés.

Les sept volumes de cette série proviennent des entrevues réalisées par André Champagne de 1990 à 1994, avec des historiens et politologues, dans le cadre de l'émission *Au fil du temps*, diffusée au réseau MF de la Société Radio-Canada.

Toutes les personnes interviewées ont aimablement accepté de relire et souvent de retravailler les transcriptions de leur texte. Nous avons, toutefois, tenu à conserver à ces textes le style « oral ».

À la fin de chaque entrevue, une bibliographie, plus ou moins longue selon le sujet abordé, donnera des pistes au lecteur intéressé à « aller plus loin ».

Ces entrevues ont été réalisées dans un contexte bien précis, soit en raison d'un anniversaire quelconque (par exemple, les vingt ans de la Crise d'octobre) ou à l'occasion de la publication d'un volume. Dans ce dernier cas, le livre qui a servi de trame à la rencontre est marqué d'un astérisque en bibliographie.

Chaque texte est aussi accompagné d'une introduction qui, souvent, servira de mise en contexte.

❖❖❖

Ce deuxième volume traite de l'histoire du Québec au xxᵉ siècle. Contrairement à une certaine idée reçue qui prétend que l'histoire du Québec est linéaire et dépourvue de temps forts et de crises, les entrevues rassemblées dans ce volume démontrent que la société québécoise a été ébranlée plus souvent qu'à son tour.

De la crise de la conscription de 1917 à la Crise d'octobre de 1970, en passant par l'anti-sémitisme des années 1930, la grève de l'amiante de 1949 et le non moins retentissant « Vive le Québec libre ! » du général de Gaulle en juillet 1967, le Québec a dû faire face aux mêmes tensions et aux mêmes réalités qui ont bouleversé le monde occidental au cours du siècle.

Andrée Laprise

L'émigration

DES CANADIENS FRANÇAIS AUX ÉTATS-UNIS

Entretien avec Bruno Ramirez

*L*e 22 décembre 1889, le British American Citizen *de Boston écrit en éditorial :* « Songez-y donc, Américains patriotes, les Jésuites français ont conçu le projet de former une nation catholique avec la Province de Québec et la Nouvelle-Angleterre. Les Français sont plus d'un million aux États-Unis, et selon toute probabilité, 350 000 en Nouvelle-Angleterre. Ils remplissent vos fabriques, achètent vos fermes, s'introduisent dans vos législatures et y exercent une influence puissante. Le nombre de leurs enfants est inimaginable pour des Américains. On conserve ces enfants comme une race étrangère, distincte, soumise au pape en matière religieuse et politique. Rapidement, ils acquièrent le droit de vote ; en certains endroits ils ont déjà la majorité absolue... Bientôt, unis aux Irlandais, ils vous gouverneront, vous Américains, ou plutôt le pape vous gouvernera, car ces masses le reconnaissent pour leur maître. »

Ces craintes à l'égard de ceux qu'on appelait les « Chinese of the East » étaient évidemment exagérées, mais elles révèlent tout de même l'ampleur du mouvement migratoire en provenance du Québec. De 1840 à 1930, entre 900 000 et un million de Canadiens français quitteront le Québec pour aller s'établir aux États-Unis. Selon les démographes, si le Québec avait pu conserver ces émigrants, la population francophone aurait pu atteindre 9 millions d'habitants en 1980. Fait étonnant, ce mouvement d'exode massif s'amplifie au moment où la province commence à recevoir des immigrants italiens, allemands, juifs et chinois. Les Canadiens français quittent le Québec, car ils ne trouvent pas de terres fertiles et le nombre d'emplois dans les manufactures est limité. Ils sont attirés par les centres industriels du Massachusetts et du Rhode Island.

Ce mouvement migratoire, appelé La Saignée, et dénoncé par les élites religieuses et politiques est révélateur du retard économique du Québec à la fin du siècle dernier. Il révèle également le dynamisme de l'économie américaine et l'incompétence de nos dirigeants qui, pour tenter de maintenir les Canadiens français au Québec, n'ont trouvé rien de mieux que la politique de colonisation des Laurentides. Si les États-Unis étaient perçus comme une sorte d'Eldorado, l'adaptation et l'intégration à la nouvelle société n'était pas toujours facile et c'est pourquoi les Canadiens français tenteront de se regrouper en paroisses canadiennes-françaises avec des écoles et des églises qui rappelleront le pays. Pour les Américains, ces arrivants seront surprenants et, pour un certain temps, même menaçants.

Dans cette entrevue, Bruno Ramirez relate cette grande migration.

❖ **Vous citez un article de la *Gazette* de Berthier du 15 avril 1892 : « Si notre population continue à abandonner ce sol pendant des années encore, la nationalité canadienne-française sera transportée aux États-Unis. » Ce cri d'alarme décrit-il la réalité de l'immigration canadienne-française vers les États-Unis à la fin du siècle dernier ?**

Disons qu'il y a un élément d'exagération. Si l'auteur pensait vraiment que tous les citoyens du Québec se déplaceraient aux États-Unis, c'était carrément exagéré. Mais le cri d'alarme est tout à fait justifié parce que la décennie des années 1890 et la décennie précédente ont vu le gros de l'exode. C'est vraiment la période où l'exode a atteint le niveau le plus élevé en ce qui a trait au déplacement des populations du Québec vers les États-Unis. Cela se traduit donc dans des paroisses, dans des petites villes, dans les campagnes au Québec, par des centaines de familles qui, chaque semaine, quittent leur paroisse pour s'en aller. On a l'impression que les villages, les paroisses commencent à se vider et on ne sait pas si ce phénomène continuera encore. À l'époque, on n'était pas des prophètes, on se disait que si ça continuait comme ça, en effet, les villages allaient rester quasiment vides.

❖ **Des Canadiens français émigrent aux États-Unis et, au même moment, le Québec et, plus particulièrement Montréal, reçoit des immigrants, notamment des Italiens. Pourquoi le Québec envoie-t-il une partie de sa population vers les États-Unis et accueille-t-il, en même temps, des immigrants venant de l'Europe ?**

Oui, c'est ce qui m'a davantage intéressé quand j'ai décidé d'écrire ce livre*. En effet, tout cela semble contradictoire, mais si on étudie l'ensemble du territoire québécois de l'époque dont ses sous-régions, on voit que, finalement, les lieux de départ des Canadiens français et les lieux d'arrivée des immigrants ne sont pas les mêmes. Les Canadiens français qui émigrent aux États-Unis quittent surtout la campagne, les paroisses agricoles. En même temps, les immigrants européens qui s'installent au Québec vont choisir presque toujours la région de Montréal qui est l'axe économique où le développement industriel et commercial est le plus poussé ; c'est donc une sous-région, l'île de Montréal, qui a besoin de tous les types de main-d'œuvre spécialisée, semi-spécialisée jusqu'à des journaliers. C'est donc là que les immigrants arrivent et s'installent.

❖ **Malgré cette demande de main-d'œuvre, les Canadiens français préfèrent aller aux États-Unis !**

Oui. Alors on peut se demander : pourquoi ces Canadiens français qui quittent leurs paroisses ne vont-ils pas à Montréal qui a besoin de main-d'œuvre, et choisissent-ils, par contre, le Maine ou le Rhode Island ou le Massachusetts ?

D'abord, il y a quand même une petite partie de cette population rurale qui va s'installer à Montréal, mais cela reste une minorité. La majorité s'en va aux États-Unis parce que le marché du travail américain est beaucoup plus vaste, dynamique. Je pense à la région sud de la Nouvelle-Angleterre, où l'on trouve des dizaines de villes industrielles importantes, telles Lowell, Fall River, Woonsocket, Manchester, chacune avec son « petit Canada » plus ou moins bien organisé sur le plan institutionnel.

❖ **L'industrialisation a commencé beaucoup plus tôt aux États-Unis.**

C'est tout à fait vrai et c'est un facteur très important pour comprendre mieux l'histoire du Québec de l'exode. Le marché du travail vers lequel ces Canadiens français s'orientent en Nouvelle-Angleterre est constitué, en grande partie, par l'industrie du textile. Cette dernière est vraiment le pôle industriel qui entraîne tout le développement économique de la région. Le textile offre des emplois à des adultes et des enfants. Alors, les Canadiens français qui émigrent vers cette région des États-Unis émigrent par grappes familiales et, par conséquent, envisagent des revenus familiaux auxquels contribuent plusieurs membres de la famille. Au XIXe siècle, dans ces secteurs manufacturiers, c'était normal d'embaucher des enfants de douze, onze et même dix ans ; c'est triste, mais c'était la réalité.

❖ **Mais, dès 1888, au Canada, des législations limitent le travail des enfants. Ce qui n'est pas le cas aux États-Unis ?**

Oui. Chez nos voisins du sud, chaque État a passé des lois à des moments différents, mais le mouvement de réforme, à l'échelle nationale, contre le travail des enfants, a lieu surtout pendant la première décennie du XXe siècle. Mais en dépit de l'existence de ces lois, il y avait souvent des façons de les contourner. Il y a, par exemple, beaucoup de cas où des enfants de treize ans, qui ont l'air d'en avoir quinze, ne déclarent pas leur vrai âge aux inspecteurs, et les employeurs qui les embauchaient « ferment les yeux », pour ainsi dire.

❖ **Puisque l'ensemble de la famille peut trouver un emploi dans les manufactures de la**

Nouvelle-Angleterre, on peut en déduire que les Canadiens français partent donc définitivement pour les États-Unis ?

Très souvent c'est le cas ! On peut affirmer qu'une majorité de Canadiens français partaient aux États-Unis avec l'idée de revenir au Canada. On a des preuves de ça. Par exemple, ceux qui étaient propriétaires, qui possédaient un petit morceau de terre, une petite ferme de deux, trois, cinq, dix acres, ils ne les vendaient pas tout de suite. Ils préféraient les garder, même incultivées, car ils croyaient qu'un jour peut-être après trois, quatre, cinq ou six ans ils rentreraient au village avec des économies. Il y en a eu qui ont réussi à mener à bien ce projet. Mais je dirais que, pendant leur séjour aux États, à l'intérieur de la famille, la décision était prise de rester : souvent une décision déchirante, on peut dire ! J'ai trouvé des cas où, par exemple, le père voulait retourner au pays, reprendre sa vie de fermier, tandis que les enfants, qui avaient commencé à travailler et à gagner des revenus, à connaître une certaine valorisation de leur vie, de leur travail, préféraient rester.

❖ Y a-t-il des agents recruteurs aux États-Unis ?

Oui, on en trouve déjà dans les années 1870 et 1880. Souvent, ce sont des agents des compagnies textiles, qui étaient envoyés dans les campagnes québécoises pour recruter de la main-d'œuvre. Et d'ailleurs, ils préféraient engager des familles avec femme et enfants parce que l'on avait besoin de ce genre de main-d'œuvre. Mais l'immigration québécoise, dès le début, est surtout une immigration par réseau, par grappe de famille, de parenté. Donc, très tôt, une fois qu'une petite communauté canadienne-française s'établit dans une ville américaine, on crée pratiquement des structures d'accueil privées. On n'a même pas besoin d'agent recruteur, puisque ce sont ces immigrants qui encouragent leurs parents à émigrer et leur assurent un soutien logistique.

❖ **L'expression « Chinese of the East », employée par les Américains pour désigner les Canadiens français, est-elle révélatrice de l'attitude qu'on avait à l'égard de ces derniers ?**

Oui, avant 1880 il y a une certaine méfiance dans les milieux culturel et politique, surtout de la Nouvelle-Angleterre, face aux Canadiens français. On les considère comme des gens trop mobiles qui n'investissent pas vraiment leur « capital moral » dans la grande république américaine et qui ont tendance à retourner au Canada. On les accuse aussi de se tenir séparés face à la société américaine. On les voit surtout préoccupés à créer leurs propres institutions ethniques comme des églises, des paroisses, des écoles et à se soumettre trop docilement à l'autorité de leurs curés. Donc, on les voit un peu comme des gens qui viennent pour bénéficier des avantages économiques, mais qui ne donnent rien en retour sur le plan institutionnel.

Il y a tout de même une certaine méconnaissance de la situation parce que maintenant on sait que n'importe quel mouvement d'immigration, pendant la première période, a besoin de ce genre d'espace psychique, de repliement sur lui-même. Il est donc normal que l'on fasse appel aux ressources propres, intimes, internes d'une communauté et que l'on soit porté à ignorer la vie publique.

❖ **Le fait que les Canadiens français vivent dans des villes, comme Woonsocket ou Lowell, ne les incite-t-il pas à rester Canadien français catholiques, même s'ils vivent aux États-Unis ?**

Oui, d'ailleurs dans l'histoire de l'immigration américaine, les Canadiens français sont reconnus comme le groupe qui a créé le réseau institutionnel le plus riche sur le plan de sa diversité et des services offerts à la communauté : des hôpitaux, des écoles, des églises, des centres de loisirs, un presse francophone très riche. Presque toutes les villes importantes de la Nouvelle-Angleterre ont leur journal franco-américain.

❖ **Donc on crée des petits Québecs aux États-Unis ?**

Il est certain que tout ça permet à un immigrant qui vient d'arriver de pouvoir vivre en français, et même de mourir en français. Dans ce sens, oui ça retarde l'intégration à la grande communauté américaine.

❖ **La main-d'œuvre est-elle exploitée ou, au contraire, le niveau de vie d'un travailleur canadien-français est-il plus élevé, s'il est aux États-Unis qu'à Montréal même ?**

C'est une question très délicate, il faut faire attention aux paramètres que l'on emploie. Je dirais que, si on examine le domaine du textile qui était, comme je le disais, le secteur qui employait davantage les Canadiens français, il est sûr que les niveaux d'exploitation étaient très élevés à l'époque. Ce sont des journées de production de douze heures avec des rythmes de travail vraiment infernaux. Les conditions matérielles, l'humidité, le bruit se traduisent par des formes d'exploitation, surtout quand on tient compte que les salaires étaient parmi les plus bas de l'industrie américaine.

En même temps, il y a cet accès à un salaire de famille qui a permis à beaucoup de Canadiens français d'améliorer leurs conditions matérielles, donc de s'acheter des maisons, de faire instruire les enfants, etc. Il y a une certaine mobilité sociale qui va s'opérer, ce n'est pas immédiat ; là aussi c'est un processus qui se déroule sur plusieurs années, mais qui fait, par exemple, qu'au début du xxᵉ siècle les Canadiens français se trouvent au milieu de l'échelle socio-économique parmi toutes les ethnies. Ils sont au-dessus des immigrants qui viennent d'arriver : des Grecs, des Portugais, des Italiens. Dans mon livre*, j'analyse comment les Canadiens français ont su s'adapter à une économie industrielle en pleine transformation, et souvent comment ils ont su monter dans l'échelle professionnelle.

Nous sommes en train d'étudier de façon plus précise cette mobilité sociale et économique. Et d'ailleurs, on sait que, sur le plan institutionnel, il y a des Canadiens français qui ne tardent pas à participer au système politique et qui deviennent des maires, des membres du conseil municipal, même des gouverneurs. C'est le cas, au début du siècle, du gouverneur de l'État du Rhode Island, qui était de souche canadienne-française. Donc on peut voir, et d'ailleurs les historiens s'y intéressent de plus en plus, ce phénomène de mobilité sociale qui a marqué les Canadiens français. Ce phénomène est facile à expliquer parce que la société américaine, à cette époque, était en grande expansion, avec ses corollaires de possibilités d'emploi et de récompenses pour ceux qui étaient prêts à investir leurs talents. Beaucoup d'entre eux ont su en profiter.

❖ **Peut-on dire que les chances de promotion sociale étaient plus grandes pour un Canadien français vivant aux États-Unis que pour celui qui laissait la campagne et venait travailler à Montréal et à Québec ?**

On ne peut pas répondre de façon nette à cette question. Je dirais oui en tenant compte des plus grandes possibilités que l'économie et la société américaines offraient à l'époque. Aux États-Unis, on n'avait pas le problème du conflit linguistique entre les deux groupes. Les *boss* des Canadiens français à Montréal étaient souvent des Canadiens anglais qui occupaient le haut du pavé dans une dynamique de conflit ethnique qu'on connaît assez bien. Ce genre de barrière — une particularité de l'histoire socio-économique du Québec — n'existait pas aux États-Unis.

❖ **Mais, aux États-Unis, les patrons étaient également des Anglo-Saxons ?**

Pas nécessairement, cela dépendait du secteur d'activités. Parce qu'il y avait des secteurs où, très rapidement, les immigrants (incluant des Canadiens français) s'inséraient dans le système. De plus, les Canadiens français étaient une minorité parmi d'autres et de plus en plus considérés par le patronat comme des « bons travailleurs ».

❖ **Mais dans le textile, par exemple ?**

Dans le textile, l'industrie exigeait de grands investissements. C'était donc un patronat d'une certaine importance. Mais au niveau de la petite et moyenne entreprise, par exemple dans la construction ou le commerce, des immigrants avaient la chance d'accéder à ces secteurs, parfois à titre de petits contractants. Le commerce offrait beaucoup d'occasions aux Canadiens français en Nouvelle-Angleterre. Pour aller plus loin, surtout en ce qui concerne les occasions, je pense que les Canadiens français ont eu plus de chances dans l'économie américaine que dans l'économie montréalaise.

❖ **Quand les Canadiens français peuvent-ils être considérés comme assimilés au groupe américain ? À partir de quand cessent-ils de parler français et envoient-ils leurs enfants dans les écoles de langue anglaise ?**

Il faut dire qu'à partir du milieu du XIXe siècle jusqu'à la Grande Dépression des années 1930, l'immigration des Canadiens français vers les États-Unis continue chaque année.

❖ **En chiffre cela signifie combien de personnes ?**

C'est une émigration nette, sur environ un siècle, de 900 000.

❖ De 1830 à 1930 ?

On évalue à 900 000 le nombre de Canadiens français qui restent aux États-Unis. Les décennies les plus importantes étant celles de 1880-1890 et 1890-1900. On compte de 140 000 à 150 000 personnes chaque décennie. Donc ceux qui bougent, ceux qui rentrent sont beaucoup plus nombreux. C'est un mouvement de population par vague. On sait, par contre, qu'encore dans les années 1920 il y avait une très forte tendance parmi les élites franco-américaines à attirer les Canadiens français dans leur réseau francophone, notamment par l'étude et l'usage du français, par les journaux francophones, par la participation à la vie communautaire, par l'arrivée de curés canadiens-français dans leur paroisse. Donc, la pression ethnocentrique est encore très forte dans les années 1920 et 1930.

C'est plutôt après la Seconde Guerre mondiale qu'on peut assister au véritable tournant, même s'il s'agit d'un processus très inégal lorsqu'on étudie chaque État et ville séparément. Reste le fait que le processus d'assimilation sera plus poussé et cela s'explique aussi par le ralentissement de l'immigration. On a un réservoir de population incluant la nouvelle génération qui est née aux États-Unis et qui a tendance à s'assimiler plus rapidement que les parents. Il faut tenir compte de ces deux facteurs : les vagues qui arrivent et qui se succèdent et aussi la population canadienne-française de deuxième et troisième génération. Les enfants qui naissent aux États-Unis s'assimilent davantage. Et le conflit intergénérationnel a lieu souvent entre ces deux éléments de la même communauté.

Bruno Ramirez est professeur au département d'histoire de l'Université de Montréal.

Pour aller plus loin

RAMIREZ, Bruno, *Les Italiens de Montréal*, Montréal, Boréal Express, 1984.

RAMIREZ, Bruno, *Par monts et par vaux*, Montréal, Boréal, 1992*.

ROBY, Yves, *Les Franco-Américains de la Nouvelle-Angleterre 1776-1930*, Sillery, Septentrion, 1990.

CHARTIER, Armand, *Histoire des Franco-Américains de la Nouvelle-Angleterre de 1775 à 1990*, Sillery, Septentrion, 1991.

Les Juifs

DU QUÉBEC 1900-1939

Entretien avec Pierre Anctil

*L*e 15 juin 1934, les internes de l'hôpital Notre-Dame
déclenchaient une grève. Cette grève dura quatre
jours et toucha soixante-quinze internes dans cinq
hôpitaux catholiques, affiliés à l'Université de
Montréal. La raison de cette grève : l'engagement de
l'interne juif Samuel Rabinovitch, francophone et premier de sa promotion à la faculté de médecine de l'Université de Montréal. Cet événement, immédiatement
condamné par la direction des hôpitaux, par les méde-
cins pratiquants et par le chancelier de l'Université,
révélait au grand jour l'antisémitisme qui se mani-
festait alors au Québec.

Bien que spectaculaire, cet incident n'est pas le seul
cas d'intolérance à l'égard de la communauté juive.
Ainsi, le 23 avril 1926, le doyen de la faculté des Arts Ira
Allen Mckay écrivait au principal Arthur William
Currie pour l'informer de ses craintes à propos de l'arri-
vée massive d'étudiants juifs à McGill : « Je dois avouer

que, chaque fois que je vois un nouveau Juif passer ce seuil [celui de la porte du doyen], je murmure, rien que pour moi : "Voilà un autre jeune Canadien propre, en bonne santé et bien bâti qui traverse la frontière pour aller pratiquer sa profession aux États-Unis." Il m'apparaît clairement qu'on doit prendre certaines mesures pour limiter la croissance du nombre de Juifs fréquentant l'Université en ce moment. »

Si ces faits et ces propos étonnent, ils sont néanmoins très révélateurs de l'accueil plutôt tiède réservé à l'immigration juive au Québec et au Canada au début du xxᵉ siècle. Ainsi entre 1900 et 1940, aucun Juif n'avait siégé au Canada au conseil d'administration d'une grande banque ou d'une compagnie ferroviaire. En fait, ils étaient à toutes fins utiles exclus des centres décisionnels des activités économiques importantes. Donc, on peut avancer que l'antisémitisme était assez répandu au pays et on ne doit pas s'étonner que le Canada n'ait reçu que 4000 réfugiés juifs allemands entre 1933 et 1939.

Pourquoi les Juifs sont-ils venus au Québec au début du siècle ? Dans quelles activités économiques se sont-ils lancés et comment s'est fait leur intégration à la société québécoise ?

Ce sont les questions abordées par Pierre Anctil dans cette entrevue.

❖ D'où provenaient ces immigrants ?

La grande majorité des Juifs montréalais venaient de la vieille Russie impériale parce que leur migration date surtout d'avant 1917, d'avant la révolution bolchevique et d'avant la création de la Pologne en 1919. Ils venaient surtout d'un petit pays que l'on connaît mieux aujourd'hui, la Lituanie, qui était une province à cette époque, de l'Ukraine, un peu de la Roumanie, finalement un peu de la Pologne. En gros, ce sera le cœur de l'Empire russe.

❖ Pourquoi choisissent-ils Montréal ?

D'abord, il faut s'enlever un mythe de la tête : les immigrants juifs qui arrivent ici au cours de cette période ne connaissent pas Montréal quand ils partent et ne connaissent pas l'existence du Canada non plus. Ils connaissent en revanche très bien les États-Unis. Le but de beaucoup de ces immigrants est de se rendre aux États-Unis. Mais comme aux États-Unis les portes de l'immigration sont fermées à partir de 1915-1920, cela devient de plus en plus difficile d'y entrer. Beaucoup de ces gens aussi ne savent pas ce qu'ils font exactement : il y a des immigrants qui sont arrivés par exemple à Montréal en pensant de là prendre un tramway pour Chicago. Il y a des gens qui sont arrivés à Montréal, pensant que c'était New York. Alors voilà un premier facteur. Ce qui a joué, c'est surtout l'attrait économique de l'Amérique du Nord. C'est ce qui a amené les gens à Montréal, puisque Montréal est le grand port de mer du Canada sur la côte Est. C'est aussi la grande ville, la grande métropole économique, alors c'est bien sûr un lieu qui va retenir les immigrants même si ce n'est pas nécessairement un lieu qui les a attirés au départ. Et on note aussi un autre facteur : la ville (on verra plus tard) possède des types d'emplois qui conviennent parfaitement aux immigrants qui viennent d'arriver, qui sont surtout à ce moment des immigrants juifs de l'Europe de l'Est.

❖ Où les retrouve-t-on justement ?

Le tiers de ces immigrants, jusqu'à la Seconde Guerre mondiale à peu près, ira dans les usines de confection installées sur le boulevard Saint-Laurent et dans la zone immédiate du Plateau Mont-Royal. C'est un type d'industrie où les salaires sont très bas, où la spécialisation technique est vraiment rudimentaire où les usines sont insalubres et où les syndicats sont inexistants. C'est le milieu typique en Amérique du Nord pour intégrer la première vague d'immigrants. Le deuxième tiers de la communauté ira dans les très petits commerces : épiceries du coin de la rue, petits magasins et « peddlers » autant en ville que dans les campagnes, parce qu'il y a des « peddlers » juifs qui se promèneront partout à Montréal dans les quartiers francophones en rayonnant à partir de ce quartier immigrant. Donc, en gros, des activités économiques peu rentables, des activités économiques marginales, peu payées.

❖ Quand ils arrivent, ils n'ont pas un sou en poche !

Ces Juifs du début du siècle n'ont pas un sou en poche, ils ne parlent pas les langues du pays : ni français ni anglais et ils n'ont, souvent, pas vraiment été obligés de faire face à un travail salarié. Ils proviennent de poches de pauvreté ; ils viennent de pays où les droits fondamentaux ne leur sont pas accordés, où ils n'ont pas le droit de posséder la terre. Souvent en Russie ils n'ont même pas le droit de pratiquer une profession. Donc, ce sont des gens qui, pour la plupart, arrivent ici démunis.

❖ Pourquoi adoptent-ils la langue anglaise ?

Ils sont venus en Amérique du Nord, dans une zone économique qui bouillonne, qui explose, qui croît très vite au début du

xxᵉ siècle, où c'est la langue anglaise qui
domine. Vu de l'Europe de l'Est, vu de
Lituanie, d'Ukraine, de Pologne ou de Roumanie, le français n'existe pas en Amérique du
Nord. Pour les Juifs montréalais, c'est le
monde nord-américain, les États-Unis, c'est
tout comme New York. Ça aurait pu être suf-
fisant, mais il y a aussi le fait qu'à Montréal,
jusqu'aux années 1960, c'est l'anglais qui
domine : dans le commerce, les affaires, les
banques. Nécessairement les immigrants sont
des gens pratiques. Ce ne sont pas des tou-
ristes et ils ne viennent pas ici pour voir ce qui
pourrait arriver s'ils décidaient de rester. Souvent ils n'ont que quelques sous en poche et
quelques jours pour trouver un emploi.
L'anglais, c'est la langue qui fournit de
l'emploi, qui fournit du travail, qui fait vivre.
La réponse unanime des immigrants de
l'époque c'est : apprenons l'anglais.

De plus, il y a une autre cause qui, celle-là,
est plus indirecte mais qui est assez importante. Les enfants des immigrants, bien sûr,
ont dû un jour aller à l'école. Soit dès l'arrivée,
parce que souvent les immigrants ont amené
des enfants avec eux, ou plus tard, quand les
premiers installés ont fait venir leurs enfants
et leur femme. Or, il y avait à ce moment-là
tout comme aujourd'hui deux réseaux
d'écoles à Montréal, confessionnels tous les
deux, l'un catholique francophone et l'autre
protestant anglophone. Les écoles catholiques,

par la voie du clergé, ont été fermées aux populations juives immigrantes. On n'acceptait pas dans les écoles catholiques de non-catholiques, et ces immigrants juifs ont pris le chemin des écoles protestantes où ils se sont anglicisés.

❖ **Parce qu'ils n'avaient pas le choix !**

Parce qu'ils n'avaient pas le choix et que dans les écoles protestantes des années 1920 et 1930, on apprenait seulement l'anglais et on s'assimilait au monde anglo-saxon.

❖ **Comment étaient-ils perçus par les anglophones et les francophones au début du siècle ?**

C'est une question importante parce que cela définit comment les immigrants vont s'intégrer jusqu'à aujourd'hui. Cela définit ce qu'est la communauté juive actuelle. D'abord, il y a à cette époque une sorte d'ambiance antisémite diffuse qui existe dans le monde occidental et chrétien. On n'échappe pas à ce phénomène, autant dans le monde protestant que dans le monde catholique, quoique cela prenne des formes différentes. Jusqu'à Vatican II, l'Église catholique prêche une sorte d'antisémitisme de bon ton, de bon aloi ; une façon de mépriser sans trop nuire. Voilà qui marque beaucoup la conscience juive montréalaise dès le départ. Mais on trouve ce fait des deux côtés. Par ailleurs, c'est l'attitude de chaque groupe linguistique, soit anglophone, soit francophone, selon sa position de départ qui est déterminante. Les francophones perçoivent les Juifs comme des concurrents directs, parce que la plupart des francophones à Montréal entre les deux guerres sont pauvres. Beaucoup viennent d'arriver des campagnes, travaillent dans le même genre d'atelier, dans le même genre de milieu, et tentent une mobilité sociale à partir du point de vue du petit capital. On se souvient de Lionel Groulx et des croisades de « l'Achat chez nous ». Alors cela définit la réaction francophone : « Les Juifs vont nous enlever le pain de la bouche ! »

❖ Évidemment, ils sont menaçants !

Ils sont menaçants parce qu'ils sont ambitieux, parce qu'ils viennent d'arriver et qu'ils sont au même niveau : ils sont pauvres comme les Canadiens français. Les Anglo-Saxons protestants ne sont pas du tout dans cette situation. Les Anglo-Saxons vont plutôt tenter de préserver leur monopole des bons emplois, des bonnes professions. Ils vont repousser la communauté juive vers les marges. C'est bien si un Juif est petit commerçant, s'il est tailleur mais ce n'est pas bien s'il est avocat ou banquier. C'est ainsi que les deux communautés ont perçu les choses, à savoir que le Juif immigrant ou la communauté juive introduisent un élément nouveau

dans l'histoire canadienne. Les deux communautés majoritaires perçoivent le Canada
comme un pays chrétien, de morale chrétienne, de loi chrétienne et les Juifs ne sont
pas des chrétiens. Comment va-t-on les intégrer ? Comment va-t-on accepter des immigrants qui ne s'identifient pas à la chrétienté ?

❖ **Au cours des années 1920, les Juifs
s'inscrivent en assez grand nombre à l'Université McGill. Comment les autorités universi-
taires réagissent-elles à cet apport important
d'étudiants ?**

Il faut dire que l'Université McGill est une
université privée qui a été fondée par la bourgeoisie anglo-protestante surtout écossaise de
Montréal. C'est une université qui est riche-
ment dotée, qui prépare l'élite anglo-saxonne
de la ville à entrer sur le marché du travail.
C'est l'université des professions rentables, des
notables anglo-britanniques. Pendant bien des
années, les immigrants juifs seront trop pauvres, trop démunis, trop désorientés pour
envoyer leurs enfants à l'université. C'est
impossible pour la première génération immi-
grante. Mais, très rapidement, la situation
change. On sait, par exemple, que tout de
suite après la Première Guerre mondiale, donc
une génération après le début de l'arrivée de la
communauté juive d'Europe de l'Est, il y a
une entrée massive de Juifs à McGill. On sait
qu'ils s'assimilent à l'anglais. On sait qu'ils

veulent s'intégrer à la communauté canadienne, ils veulent être des citoyens. La voie
royale pour eux, c'est l'Université McGill.
Environ 25 % du corps étudiant de McGill est
juif en 1920. À très court terme cela signifie
que, bien sûr, la concurrence va commencer
sur le marché du travail entre les Anglo-
Saxons et les Juifs. Les immigrants vont entrer
dans ces secteurs que les Anglo-protestants se
réservent. C'est pour la communauté anglo-
protestante inacceptable et on commence à
cette époque à introduire des quotas, des mé-
thodes d'exclusion secrètes et très arbitraires
qui entrent en vigueur vers 1930.

❖ **Par exemple ?**

Par exemple, 10 % de Juifs seulement en
médecine, c'est très efficace.

❖ **Comment annonce-t-on ces critères ?**

On n'annonce rien. On applique !

❖ **Point à la ligne !**

Point à la ligne. Une autre méthode consiste à exiger des taux de réussite aux examens
d'admission de McGill. Ainsi pour un Juif il
faut 75 %, pour un chrétien 60 %. C'est très
efficace et ça non plus ce n'est pas publié. On
trouve ces critères dans les archives de l'université.

❖ La communauté juive s'aperçoit-elle de cet état de fait ?

Il faudra plusieurs années à la communauté juive pour comprendre ce qui se passe. Le taux d'entrée et de succès des étudiants juifs va diminuer à tel point que 5 à 10 ans plus tard il n'y a plus que 12 % de Juifs à l'Université McGill, soit vers la fin des années 1930. Et là, la communauté se rend compte qu'il y a une forme d'exclusion qui n'est pas officielle, mais qui est très efficace et qui résulte de l'hostilité de l'administration. En fait, c'est très simple, l'administration de McGill considère que l'université est la chasse gardée des Anglo-protestants.

❖ C'est une politique discriminatoire ?

C'est une forme de politique discriminatoire. Par exemple, on a des données pour 1924 et 1925 pour ce qui est de la faculté de droit. Cette année-là, 40 % de Juifs y sont inscrits. En médecine 25 %, en art 32 % de Juifs. Pour la communauté anglo-protestante, à court terme, cela signifiait une intrusion massive des Juifs dans les bons emplois, dans les professions importantes de la ville et l'on a voulu stopper cette intrusion. Et l'on a réussi. Sauf qu'on ne pouvait pas agir ainsi très longtemps. La Seconde Guerre mondiale est arrivée et les Juifs ont rapidement été considérés à juste titre comme victimes des politiques nazies. Le monde britannique, après la Seconde Guerre mondiale, lève très largement ces barrières. Aujourd'hui, la situation est rétablie, en ce sens que l'on a environ 15 % à 20 % d'étudiants juifs à McGill qui ne subissent plus, depuis au moins deux générations, aucune forme de discrimination.

❖ À l'Université de Montréal, comment se pose le problème ?

C'est là qu'on commence à s'apercevoir que Montréal, c'est le lieu de deux communautés dominantes. D'une part, il y a McGill et, d'autre part, il y a l'Université de Montréal. Dans cette institution francophone, la réaction sera totalement différente et les conditions d'admission aussi. Les Juifs ne veulent pas aller à l'Université de Montréal, c'est aussi simple que ça ! On a un chiffre pour 1920, soit l'année de fondation de l'Université de Montréal. À ce moment, il y a 1,2 % de Juifs dans cette institution. C'est clair, ils vont étudier en anglais dans les universités qui leur fournissent le plus grand accès au marché du travail. Donc, ce n'est pas nécessaire pour l'Université de Montréal d'imposer des quotas. Le plus haut pourcentage que l'on a eu, vers le milieu des années 1930, c'est 4 % d'étudiants juifs à l'Université de Montréal. Il faut comprendre le contexte particulier à cette institution.

L'Université McGill est une université séculaire, tandis que l'Université de Montréal est une université catholique, dirigée par l'évêché. L'évêque de Montréal y occupe le poste de chancelier, il y a des crucifix dans les salles de cours et des prêtres y enseignent la morale chrétienne. C'est beaucoup plus difficile pour des membres de la communauté juive de se soumettre à ce type d'arbitraire. Mais ce qui se passe et qui est fort intéressant, c'est que, alors qu'à McGill c'est l'administration qui bloque le chemin, à l'Université de Montréal c'est le corps étudiant qui va s'opposer à la présence juive, au grand dam des administrateurs qui ne trouvaient pas nécessaire de refuser les Juifs. L'agitation antisémite à l'Université de Montréal sera le fait d'une minorité d'étudiants, pas des professeurs, pas des administrateurs. Dans l'ensemble, cette réaction aura un effet strident et préoccupera énormément la communauté juive de Montréal. Ce qui fait que, paradoxalement, l'Université de Montréal semblera aux Juifs plus antisémite que l'Université McGill.

❖ Comment la communauté juive a-t-elle réagi à la poussée antisémite des années 1930 ?

En 1933-1934, la communauté juive ressuscite ce que l'on appelle le Congrès juif canadien, qui est une union de toutes les tendances juives : religieuses, politiques, sociales au sein de la communauté et qui parle d'une seule voix. Ce Congrès juif qui n'a presque pas de budget et qui a à sa tête une personne extrêmement active, Hannaniah Caiserman, décide de commencer une campagne de sensibilisation, entre autres auprès de l'Église catholique. Et il va se passer une chose fort intéressante : les Juifs vont se rendre à l'archevêché de Québec rencontrer Mgr Villeneuve et vont l'accuser de manquer de charité à leur endroit. C'est arrivé le 7 février 1935. Le rabbin Stern du Temple Emanu-El, ici à Montréal, se rend à Québec, ne rencontre pas Mgr Villeneuve mais un chanoine, donc un assistant, et dépose devant lui les écrits antisémites publiés dans la presse catholique, par exemple la *Semaine catholique* de Québec, *L'Action catholique* et les bulletins paroissiaux. Il saisit l'archevêché d'une attitude que, peut-être, l'institution ne percevait pas tellement. Le fait de blâmer les Juifs de la mort du Christ, et aussi de perpétuer une religion qui serait devenue inutile depuis l'émergence du christianisme, était profondément ancré dans la pensée catholique de l'époque.

La communauté juive tentera aussi de dialoguer avec des jésuites, ici à Montréal dans les années 1930. Il y aura peu de gens qui auront été rejoints mais un embryon de dialogue aura été lancé entre Juifs et Chrétiens dans les années 1930. Ce dialogue ressuscitera dans les années 1950 et 1960 et il se poursuit encore. C'était une stratégie très fine de non pas confronter brutalement les gens avec leurs erreurs, mais de les amener peu à peu à prendre conscience de l'existence d'autres communautés, qui avaient le droit d'être différentes comme les Canadiens français étaient différents. Et des points seront marqués à la longue.

❖ Vous êtes professeur à l'Université McGill, comment votre livre* y a-t-il été reçu ?

Cela fait quarante ans que l'Université McGill ne pratique plus ce genre de discrimination. Depuis au moins vingt-cinq ans les universités n'ont plus le droit de demander à l'inscription la religion ou la race des personnes qui se présentent pour y étudier. Cela serait un motif de discrimination aux yeux de la loi. C'est sorti du paysage administratif. C'est sorti de la culture universitaire de McGill, comme de celle de l'Université de Montréal. On note d'ailleurs que les Juifs qui étaient 25 % à McGill en 1920 sont redevenus aujourd'hui, après une longue période discriminatoire, à peu près ce même pourcentage au sein de l'université. Le pourcentage d'étudiants, de professeurs juifs et de professionnels juifs au sein de l'université a crû d'une manière phénoménale depuis vingt ans. Pour l'année 1935, il y avait seulement 11 professeurs sur quelque 250 à l'Université McGill qui étaient juifs, aujourd'hui c'est un pourcentage qui approcherait 20 % à 30 %. Il n'y a plus sur le campus ce mécanisme de méfiance discriminatoire. Ce qui définit l'institution aujourd'hui, c'est beaucoup plus la langue et le partage des connaissances que, comme dans les années 1930, la culture anglo-protestante et la religion chrétienne. Il y a eu un revirement. Je pense qu'il est dû à la Révolution tranquille et qu'il est dû aussi à un grand changement dans la mentalité de toute l'Amérique du Nord.

Pierre Anctil est conseiller à la direction des études et à la recherche, au ministère québécois des Affaires internationales, de l'Immigration et des Communautés culturelles.

Pour aller plus loin

ANCTIL, Pierre, *Le Devoir, les Juifs et l'immigration. De Bourassa à Laurendeau*, Québec, IQRC, 1988.

ANCTIL, Pierre, *Le rendez-vous manqué. Les Juifs de Montréal face au Québec de l'entre-deux-guerres*, Québec, IQRC, 1988*.

ANCTIL, Pierre, CALDWELL, Gary, *Juifs et réalités juives au Québec*, Québec, IQRC, 1984.

BROWN, Michael, *Jew or Juifs. Jews, French Canadians and Anglo Canadians, 1759-1914*, New York, The Jewish Publication Society, 1987.

LÉVESQUE, Andrée, *Virage à gauche interdit*, Montréal, Boréal-Express, 1984.

Lionel Groulx

ET L'ANTISÉMITISME

Entretien avec Esther Delisle

*E*n août 1990, Esther Delisle dépose une thèse de doctorat au département de science politique de l'Université Laval. La thèse en question, intitulée Antisémitisme et nationalisme d'extrême droite dans la province de Québec, 1929-1939, *analyse les écrits antisémites de certains intellectuels dont Lionel Groulx, André Laurendeau et les membres des Jeune-Canada et de la revue* L'Action nationale. *Cette thèse devient objet de polémique quand la revue* L'Actualité *en livre un aperçu plutôt favorable dans son numéro du 15 juin 1991. L'auteure y est présentée comme une universitaire qui veut dénoncer l'antisémitisme de Groulx et de Laurendeau, ce qui en retour provoque des remous parmi les intellectuels nationalistes pour qui Groulx et Laurendeau sont on ne peut plus respectés.*

La controverse est amplifiée quand Mordecai Richler reprend les arguments d'Esther Delisle dans un article du New Yorker *en septembre 1991 où il dénonce l'intolérance et l'antisémitisme des nationalistes québé-cois. Lise Bissonnette met en doute la crédibilité de la thèse sur laquelle s'appuie Richler et dès lors Esther Delisle ne cesse d'alimenter la controverse en répondant aux journalistes des médias anglophones.*

En septembre 1992, la thèse est enfin soutenue, mais sans obtenir l'unanimité du jury. À l'automne de 1992, la thèse est publiée dans une version remaniée sous le titre Le Traître et le Juif : Lionel Groulx, le Devoir et le délire du nationalisme d'extrême droite dans la province de Québec, 1929-1939.

L'entrevue qui suit à été enregistrée en août 1991, donc un an avant la soutenance.

À la suite de sa diffusion en septembre 1991, j'avais demandé à Pierre Anctil de répondre à l'entrevue d'Esther Delisle. Étant membre du jury de thèse, Pierre Anctil avait accepté l'invitation en m'indiquant, toute-fois, qu'il ne m'accorderait cette entrevue qu'une fois la soutenance de thèse réalisée, afin de respecter l'éthique universitaire. Cette entrevue a donc eu lieu en octobre 1992.

Voici donc les textes de ces deux entrevues.

❖ **Qu'entendez-vous par extrême droite au Québec entre 1929 et 1939 ? Quelles sont les sources que vous avez utilisées ?**

Il est plus simple de donner mes sources. Il s'agit de Lionel Groulx, du mensuel *L'Action nationale,* des Jeune-Canada et du journal *Le Devoir.*

Pourquoi je les considère comme d'extrême droite ? Parce que j'ai trouvé dans ces écrits tous les paramètres du nationalisme d'extrême droite européen qui confine à certains moments au nazisme. Par exemple, l'antisémitisme, la négation de l'individu au profit de la race, l'exaltation de la nation ou de la race, l'assimilation des constructions symboliques du Juif et du Traître au libéralisme économique, philosophique et politique décrié et honni par ces locuteurs. Le Juif est étranger à la nation tandis que le Traître est un national « déchu », qui a trahi en épousant le libéralisme.

Cela dit, tous les locuteurs ne reprennent pas avec une égale force tous ces thèmes. Par exemple, la déchéance des Canadiens français du statut d'être humain, leur déchéance de l'humanité constitue le point fort du délire de

Groulx et beaucoup moins de celui du *Devoir*. Cela est vrai aussi du projet utopique où les Canadiens français seront des surhommes et des dieux sur lesquels s'appesantissent Groulx et consorts, soit ceux qu'il influence de manière très immédiatement : *L'Action nationale* et les Jeune-Canada. *Le Devoir* rêve du projet utopique sans s'y attarder, mais pour ce qui est de « bouffer du Juif » à pleines premières pages, alors là c'est vraiment *Le Devoir*.

❖ Quelle idée Lionel Groulx se fait-il de la nation canadienne-française et comment voit-il les Canadiens français ?

La nation canadienne-française telle qu'elle est conçue par Groulx est divisée en deux figures symboliques tout à fait étanches. La première est celle du Héros, celle des Canadiens français qui forment une nation et qui, à ce titre, ont droit à un État. C'est le discours classique de légitimation de la revendication d'un État. À côté du Héros, il y a le Traître, qui apparaît au lendemain de la Conquête, laquelle a brisé l'homogénéité ethnique et religieuse parfaite existant en Nouvelle-France sous les traits des classes supérieures qui commettent la « trahison du sang » selon l'expression de Groulx. Ce qui n'étonne pas, écrit Groulx, qui n'a jamais peur de la formule lapidaire, car il est bien connu « que les peuples, comme les poissons, pourrissent par la tête ». Les classes supérieures épousent l'occupant britannique, mêlant ainsi des sangs incompatibles et entraînant la dégénérescence de la race canadienne-française.

Après vient la trahison des fédéralistes de 1867 : « Être ou ne pas être fédéraliste, écrit Groulx, revient à trahir ou à ne pas trahir sa race. » Le cercle ne cesse de s'élargir et viennent, après les fédéralistes de 1867, les politiciens, ce qui donne lieu à une attaque tous azimuts contre la démocratie libérale et contre les partis politiques. Partis politiques et politiciens divisent la nation et, ce faisant, trahissent. De plus, ils placent leurs intérêts individuels au-dessus de ceux de la nation. Les hommes d'affaires aussi trahissent parce qu'ils se soucient davantage de l'argent que de la nation. Ils font partie du Rotary Club et des Knights of Colombus, ce qui apparaît à Groulx comme une terrible trahison. Il dirige alors sa rage contre les instituteurs qui parlent plus de hockey à leurs élèves qu'ils ne leur parlent de nation et de spiritualité ; puis envers les ouvriers qui pactisent avec l'étranger ; puis envers les cultivateurs qui font comme si la patrie n'existait pas ; puis survient l'apothéose : « Il n'y a pas de Canadiens français » écrit Groulx. Il n'y a que des ombres d'hommes et de femmes, des moqueries d'hommes et de femmes. Les Canadiens français sont une insulte à l'humanité. Donc, les Canadiens français ne sont pas des êtres humains et leur simple existence constitue une insulte à l'humanité. Il y a une certaine logique à ce délire, puisque Groulx avait déjà expliqué que pour être un être humain il faut appartenir à une nation ou à une ethnie. Or, les Canadiens français ne sont pas une nation puisqu'ils trahissent la nation à tout instant, à toute heure du jour et de la nuit.

Mais, s'il décrit ainsi les Canadiens français, comment peut-il en arriver à la conclusion que les Canadiens français forment une race pure ?

Les Canadiens français formaient une race pure avant la Conquête. Dans le projet utopique, les Canadiens français redeviendront des humains. Mieux, écrit Groulx, ils seront « des surhommes et des dieux ».

❖ **Vous comparez Groulx, les Jeune-Canada et _L'Action nationale_ à Charles Maurras et L'_Action française,_ dans un chapitre particulièrement intéressant. Expliquez-nous cette comparaison.**

Bien que Groulx ait nié avoir toute influence de Maurras sur son œuvre, il reprend quantité de ses mots d'ordre ou des expressions qu'il a rendues célèbre. Je n'en veux pour exemple que l'opposition entre « pays légal et pays réel », pays réel qui surviendra dans le projet utopique. L'antisémitisme aussi est partagé par Groulx et par son maître à penser. Toujours selon Maurras, un des grands crimes de l'État libéral, c'est d'être cosmopolite, de nier la nation : il n'existe que pour les étrangers et pour l'ennemi de l'intérieur. Derrière le gouvernement du nombre qui est la démocratie s'agite la ploutocratie qui confirme le règne de l'argent. Le corporatisme dont Maurras rêve et à sa suite Lionel Groulx ressemble un peu à celui, croient-ils, qui a existé au Moyen Âge. Enfin, tous les deux vivent une constante apocalypse. Maurras est persuadé que la France, depuis 1789, court à sa perte tandis que Groulx est persuadé que, depuis la Conquête, le Canada français s'achemine vers la déchéance et la disparition.

❖ **Vous citez à la page 172, Paul Dumas membre des Jeune-Canada, qui écrit : « La nation canadienne-française est une race pure et exempte de tout métissage. Le Canada français n'a pas été peuplé par des aventuriers, des immigrants de qualité douteuse ou des forçats comme l'Australie, les États-Unis voire même le Canada anglais. Nos pères étaient tous de bonne constitution physique et de saine moralité. » Ce genre de discours est-il vraiment très fréquent dans les journaux que vous avez étudiés ? Est-ce vraiment un thème qui revient systématiquement et qu'on pourrait relier au chanoine Groulx ?**

Ce thème vient bel et bien du chanoine Groulx. Le chanoine Groulx organise en un tout cohérent le mythe des origines du

Canada français, à savoir que serait arrivé ici, sur les rives du Saint-Laurent, un noyau d'individus tous francophones et catholiques. C'est à Groulx que l'on doit ce mythe qui non seulement survit jusqu'à ce jour, mais qui se porte très bien, suis-je forcée de le constater ! Groulx met littéralement l'énergie du désespoir à nier tout mélange avec des gens qui ne seraient ni catholiques ni francophones. Il emploie un véritable langage de maquignon pour décrire ces gens : ce sont des colons de rebut, de précoces vermoulures, de la marchandise suspecte qui sont tous refoulés sans pitié.

❖ **Soit dit en passant, toutes les épithètes que vous notez, on les trouve dans votre thèse avec la source, le journal, la revue et la date de publication, de même que la page.**

Bien sûr. De plus, quand se présente à Groulx l'évidence qu'il y a eu énormément de métissage entre les Amérindiens et les Européens, il nous révèle que tous les descendants de ces Métis étaient morts à la fin du XVIIIᵉ siècle. J'ignore comment il a pu en arriver à cette étonnante conclusion. Dans l'histoire selon Lionel Groulx, les « esclaves, cet élément inférieur de notre population », ne se sont jamais mélangés à l'élément français. De même, les forçats ont évité de mêler leur sang à celui de nos ancêtres. Les païens comme les

Bretons ou les protestants de la Rochelle représentent un apport absolument mineur à la croissance démographique de la colonie même si le contingent de ces derniers était plus considérable que celui des Normands. Mais les Normands ont le grand avantage d'être catholiques.

❖ **Lionel Groulx peut-il être qualifié d'intellectuel fasciste ou du moins d'antidémocratique et peut-on dire qu'il est, à cette époque, antisémite ?**

Il ne fait aucun doute qu'il est antisémite. On trouve sous sa plume tout le discours classique des antisémites européens de l'époque. On trouve aussi chez Groulx plusieurs thèmes du fascisme européen. Entre autres, l'idée que la démocratie comme le communisme sont le fruit de la juiverie internationale. L'idée que les Juifs sont par essence étrangers à toute nation. Peu importe l'angle sous lequel il regarde la réalité des années, Groulx ne voit que pourriture, putréfaction, décomposition, microbes, germes, fièvre, poison, maladie. Il va jusqu'à prôner l'établissement d'un cordon sanitaire entre la province de Québec et le reste de l'Amérique du Nord. Parce que des États-Unis surtout viennent tous les poisons mortels de la modernité. Ce langage, c'est le langage typique de l'idéologie nazie. Groulx n'est pas nazi dans tous les thèmes de ses

écrits, mais il l'est par plusieurs d'entre eux.
Autre exemple : le projet utopique où les
Canadiens français deviendront des surhommes et des dieux, c'est une formule inspirée de Nietzsche et reprise par certains idéo-
logues hitlériens.

❖ **Mais cette image que l'on projette des Juifs
se retrouve à l'époque un peu partout dans le
monde occidental. Je pense notamment à
Henry Ford qui va publier le *Dear Born Inde-
pendant* qui est ouvertement antisémite.
Maurras en France qui est ouvertement antisémite. À l'époque du Front populaire, le slo-
gan était « mieux vaut Hitler que Blum ».
Donc, ne pourrait-on pas excuser les prises de
position du chanoine Groulx par ce climat
intellectuel amplifié par la crise économique,
par la peur du bolchevisme ? Plus tard il s'est
excusé, il a fait amende honorable comme
beaucoup d'autres intellectuels ?**

D'abord, Groulx n'a jamais fait amende
honorable. Ensuite, je n'ai pas à excuser qui
que ce soit pour la simple et bonne raison que
je n'accuse personne de quoi que ce soit. Je
propose une interprétation de cette idéologie,
je n'accuse ni n'excuse personne. Ce n'est
absolument pas mon rôle.

Cela dit, vous allez tout à fait dans mon
sens en affirmant que l'antisémitisme de
Groulx se trouve ailleurs et partout en Occident. Ainsi que l'écrit Léon Poliakov : « Tout

l'Occident a préparé l'avènement d'un État raciste. »

J'acquiesce à l'affirmation que Groulx est ouvert sur le monde, particulièrement l'Europe. Il connaît les mouvements idéologiques et politiques qui s'y développent, il suit les événements de très près. Comme *Le Devoir*, il est très au courant. Le Québec d'alors n'était pas cette petite société frileusement recroquevillée sur elle-même et Groulx n'était pas un aimable historien du terroir. Groulx est une figure résolument moderne. À la différence d'Henry Ford, son antisémitisme et son racisme forment un tout cohérent avec son idéologie. C'est toute une vision du monde qu'il construit.

❖ **André Laurendeau va déclarer en 1933 : « Les Juifs ont convoqué au commencement d'avril une assemblée pour protester contre les prétendues persécutions d'Hitler contre leurs congénères. Je dis prétendues parce que des atrocités qu'on rapporte, rien n'est absolument prouvé. Il suffit de rappeler que toutes ou presque les agences de nouvelles sont entre les mains des Juifs pour qu'un peu de scepticisme s'introduise en notre esprit quant à l'authenticité de ces persécutions. » Alors ces doutes éprouvés par André Laurendeau en 1933, c'est très important de le mentionner. La Nuit de Cristal, c'est en novembre 1938, et c'est vraiment à partir de la Nuit de Cristal**

qu'on peut parler d'antisémitisme, vraiment brutal et violent. Alors ces doutes-là les trouve-t-on tout au cours de la période que vous avez étudiée, soit de 1929 à 1939 ?

Oui, ce genre de commentaires et d'invectives s'étalent tout au long de cette période, quoiqu'on note une recrudescence d'hostilité en 1933. C'est aussi l'année où ces nationalistes nient les persécutions à l'endroit des Juifs. Mon analyse ne s'applique pas à l'ensemble de la presse québécoise, que je n'ai pas étudiée, mais bien plutôt au *Devoir* et aux locuteurs mentionnés précédemment. Je ne parle que de cette forme-là de nationalisme. Je n'étends pas mon analyse à toutes les personnes qui étaient nationalistes à l'époque, je ne traite que de cette chapelle-là, exclusivement.

Groulx et *Le Devoir* nient les persécutions : ce qui s'explique en partie à la lumière de leurs perceptions du Juif. Puisque le Juif contrôle la presse internationale, qu'il met la planète à feu et à sang, qu'il contrôle tous les gouvernements, puisqu'il existe une telle chose nous dit *Le Devoir* que « la finance judéo-américaine à sympathie bolchévisante » ; puisque, comme nous dit encore *Le Devoir,* « Hitler s'est mis à dos la plus grande puissance de mensonges au monde, les agences de presse juives » ; puisque, nous explique encore *Le Devoir,* « Mussolini ne peut frapper qu'en Italie tandis que les Juifs peuvent frapper partout sur la planète ». Puisque ces gens contrôlent la presse, la finance et tout ce que je viens de mentionner, ils ne peuvent évidemment être persécutés. Ce sont eux qui attaquent Hitler, ce n'est pas Hitler qui les attaque.

❖ **Alors selon vous, *Le Devoir*, les Jeune-Canada et *L'Action nationale* sont-ils à ce point antisémites, sont-ils vraiment antisémitistes ?**

Quand je lisais *Le Devoir*, j'avais l'impression de lire les journaux d'Adrien Arcand. La grossièreté, la vulgarité du langage laisse pantois : les Juifs sont sales, malodorants, ont les cheveux gras, de gros nez crochus, des doigts crochus ornés de bagues et habitent des ghettos pouilleux. C'est un langage de bas étage, c'est le *Der Stürmer*. Je dois dire que j'ai été la première surprise. J'ai récolté en tout et pour tout 1007 articles du *Devoir*. Je n'avais jamais espéré pareille moisson.

❖ **D'ailleurs, quand on lit votre thèse, on est vraiment estomaqué !**

Je ne croyais pas que ça irait jusque-là.

Esther Delisle est assistante de recherche à l'Université McGill.

Pour aller plus loin

DELISLE, Esther, *Le Traître et le Juif*, Montréal, L'étincelle, 1993.

BÉLANGER, André J., *L'apolitisme des idéologies québécoises. Le grand tournant de 1934-1936*, Québec, Les Presses de l'Université Laval, 1974.

DUMONT, Fernand (dir.), *Idéologie au Canada français, 1900-1929*, vol. 2 et *1930-1939*, vol. 3, Québec, Les Presses de l'Université Laval, 1973 et 1978.

FERRETTI, Lucia, *Lionel Groulx. La voix d'une époque*, Librairie universitaire, 1984.

GABOURY, Jean-Pierre, *Le nationalisme de Lionel Groulx. Aspects idéologiques*, Ottawa, Presses de l'Université d'Ottawa, 1970.

GROULX, Lionel, *Mémoires*, 4 volumes, Montréal, Leméac, 1970-1974.

MONIÈRE, Denis, *Le développement des idéologies au Québec*, Montréal, Québec/Amérique, 1977.

ROBIN, Martin, *Shades of Wright, Nativist and Fascist in Politics in Canada, 1920-1940*, Toronto, Toronto University Press, 1992.

Réponse

À ESTHER DELISLE SUR L'ANTISÉMITISME

Entretien avec Pierre Anctil

❖ **La thèse d'Esther Delisle s'intitule *Antisémitisme et nationalisme d'extrême droite au Québec, 1929-1939*. Y avait-il vraiment une extrême droite au Québec à cette époque ?**

Un mouvement massif, des candidats dans les élections, un programme qui serait connu du grand public, non ! Mais il y a eu des groupuscules ; il y a eu des personnalités, des gens, à certaines époques, surtout après 1930 et jusqu'en 1940, jusqu'à la guerre. Il y a eu Adrien Arcand, il y a eu le Parti national social chrétien, quelques publications qui ont existé et qui ont été très éphémères. D'après les archives du Congrès juif canadien, qui contiennent des informations là-dessus, la Gendarmerie royale du Canada aurait déclaré à la fin des années 1930 que le parti d'Adrien Arcand, c'était au Québec une organisation d'au plus cinq cents membres. Ce n'est pas eux qu'Esther Deslile a étudiés dans sa thèse, c'est Lionel Groulx et *Le Devoir*. Or, en réalité, sa thèse aurait dû porter sur ces gens.

❖ **Mais elle ne les a pas étudiés du tout.**

Non, pas une mention.

❖ **Donc, le titre dès le départ induit en erreur ?**

C'est ce que j'ai toujours prétendu. C'est un titre qui ne présente pas la situation de manière correcte, qui ne rend pas compte de l'ampleur exacte du phénomène.

❖ **L'antisémitisme était-il très répandu à cette époque ?**

C'est une des choses les plus délicates et nuancées à mesurer. Oui, il y a de l'antisémitisme à l'époque, c'est indéniable et nous en avons des preuves historiques. Il existe dans le sens que c'est un antisémitisme qui pouvait être incarné par une masse de gens sous la forme de préjugés et d'attitudes. Mais on ne peut pas dire que ce soit beaucoup plus qu'un antisémitisme du discours véhiculé par des perceptions et des émotions. Ce n'est pas un antisémitisme organisé, efficace, qui marque la communauté juive dans son intégrité physique, dans ses biens matériels. Sauf exception, c'est un antisémitisme un peu sous le manteau, c'est une réalité dont on n'a pas fini de débattre. On n'a pas encore amassé toutes les preuves historiques de l'existence de cet antisémitisme. C'est une des difficultés de l'approche d'Esther Delisle : elle ne fait pas les recherches et elle prétend que c'est impossible. Il y a beaucoup de témoignages dans les archives qui pourraient être vus sous cet angle-là ; il faut savoir un peu plus avant de se prononcer. D'après moi, ce n'est pas en général un antisémitisme militant que l'on trouve au Québec entre les deux guerres, c'est un antisémitisme qui est plutôt de perception.

❖ **Mais il n'y a pas de cas d'ostracisme ?**

Il y a des cas isolés. Le Congrès juif, dans ses archives, fait état de cas isolés, des insultes par exemple, ces volontés de garder à l'écart. À la fin de la période des années 1930, à cause de la conscription qui s'en venait, il y a eu quelques émeutes très limitées dans le quartier juif ; il y a eu quelques vitrines fracassées. On note aussi des campagnes hostiles aux commerçants juifs dans une certaine presse et l'apparition d'affiches anti-juives.

❖ **Mais il n'y avait pas de danger pour la personne physique des Juifs, tel quel ?**

Non !

❖ **Ils n'étaient pas menacés d'agression.**

Il n'y a pas de lois antisémites au Québec. Il n'y a pas de règlements antisémites ; pas de militants antisémites comme on en voit dans d'autres pays. Il n'y a pas systématiquement de lieux où l'on prône violemment, ou sous une forme manifeste et explicite, un antisémitisme systématique.

❖ **Les deux principales cibles d'Esther Delisle sont Lionel Groulx et le journal *Le Devoir*. Parlez-nous d'abord de l'antisémitisme du chanoine Groulx.**

C'est aussi un phénomène tout en nuances. Comme à la question précédente, je ne veux surtout pas prétendre qu'il n'y a pas d'antisémitisme au Québec ou chez Groulx. Il y en a ! Mais il s'agit d'un antisémitisme de système. Un antisémitisme en profondeur qui émane de tout un milieu, qui émane de l'ensemble du contexte catholique de l'époque, lequel était infusé de perceptions relatives au Juif déicide, au Juif hostile à l'Église, au Juif cosmopolite. L'antisémitisme émane aussi du contexte de la IIIe République en France. On connaît Maurras, on connaît Daudet, on connaît plusieurs auteurs français de cette envergure.

❖ **Brasillach, Drieu Larochelle. Ils sont légion et pas seulement dans le monde occidental.**

Ces auteurs sont lu dans l'ensemble de la classe intellectuelle québécoise qui s'abreuve le plus souvent à la littérature intellectuelle française. Et ça émane aussi, à partir des années 1920, d'un certain fascisme portugais, italien, bientôt allemand. Il y a un contexte en Occident et au sein de l'Église catholique qui fait que Groulx va percevoir un certain nombre de choses et va les transmettre.

❖ **Mais ce n'est pas, disons, la base de sa philosophie politique ?**

Dans l'œuvre de Groulx, c'est très spécifiquement mesurable, c'est essentiellement au milieu des années 1930 qu'il va publier, sous certains pseudonymes, des passages anti-juifs, notamment sur le plan de leur rôle économique. Chez Groulx, dans l'ensemble de son œuvre, on ne voit pas ces thèmes partout. Il y a des thèmes plus marquants chez Groulx, qui dominent son œuvre. Le thème juif concerne un aspect bien précis de sa démarche intellectuelle et ne se rencontre dans ses textes publiés qu'au milieu des années 1930.

❖ **Partagez-vous ses conclusions à l'égard du journal *Le Devoir* et sur son antisémitisme ?**

Non. D'abord, première fausseté, on ne peut pas dire que *Le Devoir* est un journal d'extrême droite à cette époque-là. Il ne faut quand même pas dépasser les bornes. Un journal d'extrême droite, même pendant les années 1930, ce n'est pas cela. *Le Devoir* est préoccupé aussi dans ses thèmes par bien d'autres choses que par l'antisémitisme ou les Juifs. Il est préoccupé depuis 1910 par la lutte contre l'impérialisme britannique sous toutes ces formes, en Irlande, en Inde et ailleurs. Il est préoccupé par l'anticolonialisme. C'est un journal qui prône la libération, bien sûr sous une forme que l'on ne reconnaîtrait pas aujourd'hui, des peuples du Tiers-Monde. Il lutte contre Ottawa et la centralisation fédéraliste, contre l'anglicisation. Dans ce contexte-là, il lutte aussi contre le capitalisme de monopole, les grandes corporations, l'étouffement économique du petit peuple. Il défend donc le fermier et le petit commerçant, le petit bourgeois canadien-français et aussi, il faut le dire, à l'époque, il lutte contre la modernité. Là-dedans, les Juifs ont une part relativement maigre. Peut-être dans les deux derniers cas, ça pouvait s'arrimer, mais l'anti-impérialisme, le colonialisme, le fédéralisme, ce ne sont pas des phénomènes qui sont marqués par les populations ou les idées juives.

❖ **Est-ce que Henri Bourassa, lui, aurait sombré dans l'antisémitisme ?**

Non. Bourassa a eu un parcours assez particulier. *Le Devoir* est antisémite, a des passages antisémites que l'on peut citer dans les éditoriaux publiés entre 1932 et 1939.

❖ **Vous les donnez dans votre livre* d'ailleurs !**

Oui. Et Esther Delisle a raison là-dessus, surtout sous la plume de Georges Pelletier et Omer Héroux. Mais Bourassa a déjà quitté en 1932 la direction du *Devoir*. Peut-être est-il lui aussi coupable au début de sa carrière d'une certaine perception anti-juive. Mais, à partir des années 1930, il se reprend complètement et défend la communauté juive montréalaise au parlement à Ottawa. Il va se ranger du côté de ceux qui souffrent des idées nationalistes étroites, qui souffrent d'un conservatisme, je dirais, frileux. Donc, la carrière de Bourassa n'est pas un *continuum*, contrairement à celle de Groulx, mais témoigne d'une évolution très profonde qui mène à quelque chose de totalement différent à la fin, soit une grande ouverture à la différence culturelle.

❖ **Esther Delisle vous a reproché, dans l'introduction de sa thèse, de n'avoir pas utilisé tous les articles du *Devoir*, que vous aviez principalement utilisé des éditoriaux, alors qu'elle a lu plus de mille articles dans *Le Devoir* qui pourraient être qualifiés d'antisémites. Ces conclusions sont-elles valables ?**

Il n'y a aucun doute, ces articles existent, on peut les lire. C'est le contexte qui manque dans la thèse d'Esther Delisle. *Le Devoir* n'était pas un journal qui militait pour l'abrogation des droits juifs au Québec, ou qui militait systématiquement pour une attitude d'hostilité physique et agressive envers les Juifs. *Le Devoir* était préoccupé par bien d'autres choses. Il y a des passages dans les éditoriaux de Pelletier, à la toute fin des années 1930, qui laissent croire que Pelletier aimerait bien que la communauté juive quitte le Québec et émigre en Palestine. De là à percevoir ces passages comme symptomatiques d'un antisémitisme violent continuellement réaffirmé, ou de là à avancer que *Le Devoir* aurait eu comme vocation, comme raison d'être, la lutte contre les Juifs, il y a une marge que la thèse d'Esther Delisle ne permet pas toujours de mesurer. La raison en est qu'elle ne donne pas le contexte historique et sociologique au sein duquel ces écrits ont été publiés.

❖ Selon Esther Delisle, André Laurendeau a tenu des propos antisémites dans les pages du *Devoir*. Est-il resté sur ses positions ou sa pensée a-t-elle évolué ?

Il y a un parallèle frappant à faire entre la carrière de Bourassa et celle de Laurendeau. Laurendeau entre sur la place publique au moment où Bourassa la quitte. Au milieu des années 1930, la carrière de Bourassa est à toutes fins utiles terminée. Il va mourir 20 ans plus tard, mais il n'est déjà plus écouté. Bourassa avait abandonné entre les deux guerres toutes ses attitudes antisémites héritées de son éducation cléricale et les avait regrettées. Laurendeau va faire exactement le même parcours 20 ans plus tard et c'est ce qui est marquant dans le cas du *Devoir* et qu'on doit noter, même si on s'attache à décrire une seule période de manière bien étroite. Un peu comme si l'on regardait dans une vie entière une tranche bien spécifique de quelques mois. On ne peut pas dégager un portrait idéologique complet de cette manière. Et Laurendeau, c'est un des cas qui nous aide à comprendre le cheminement du *Devoir*. Les Jeune-Canada existent à partir de 1932-1933 et Groulx est un de leurs inspirateurs. Laurendeau y agit comme membre à part entière, malgré son jeune âge. Il est à ce moment-là, semble-t-il, un disciple du nationalisme de droite au Québec. Puis Hitler prend le pouvoir. Les Juifs manifestent en avril 1933 à Montréal contre lui en organisant un regroupement sur le plateau Mont-Royal. Il s'agit d'une manifestation pour dénoncer Hitler.

❖ **Et pour dénoncer les mesures antisémites prisent par le régime nazi !**

Qui déjà avait laissé entendre très clairement ce qu'il en adviendrait des Juifs en Allemagne, et comment leurs jours étaient comptés.

❖ **Donc, nous sommes en avril 1933.**

Les Jeune-Canada sont outrés et prétendent : « Bon encore nos politiciens, notre classe politique, notre élite qui s'occupe des Juifs alors que nous, on devrait prendre soin de notre peuple, de notre race », comme on dit à l'époque. Et là, il y a des propos antisémites qui vont sortir du mouvement Jeune-Canada et qui sont indéniables, qui sont inspirés d'un contexte bien précis, Laurendeau compris.

❖ Ces propos, dont vous venez de parler, sont cités dans les pages du *Devoir* !

Ils sont cités dans les pages du *Devoir*. Laurendeau n'a pas écrit dans *Le Devoir*. Ils sont cités parce qu'Omer Héroux aime bien faire des comptes rendus sur les activités des Jeune-Canada que *Le Devoir* appuie et qui a la même idéologie nationaliste de droite.

❖ Mais ces articles ne sont pas signés par André Laurendeau ?

Non, absolument pas. C'est impensable que Laurendeau aurait pu écrire dans *Le Devoir* à cette époque-là. Peu après il quitte pour Paris où il rencontre un tout autre climat politique qu'au Québec. La gauche est au pouvoir, c'est le Front populaire.

C'est l'effervescence de gauche. Même le catholicisme est touché et certains penseurs croyants penchent de ce côté comme Mounier. Laurendeau est totalement transformé par ça et revient juste à la veille de la guerre. Il entre à *L'Action nationale*. Il est l'un des grands animateurs de *L'Action nationale* et la guerre s'installe. Laurendeau mène le combat contre la conscription, la censure. Cette période bouleverse le Québec. Il devient rédacteur en chef du *Devoir,* à la jonction des années 1940 et 1950. En 1950, Laurendeau

commence à écrire dans *Le Devoir* systématiquement et là comme Bourassa il va réviser
complètement sa pensée sur les Juifs. Laurendeau à cette époque contribue à la montée de
la Révolution tranquille en transformant le
nationalisme canadien-français ; en extirpant
le contenu trop étroit sur le plan national.
Alors, il va en quelque sorte appeler de ses
vœux ce changement qu'on vit aujourd'hui :
que le Québec appartient à tout le monde, que
tous les habitants du Québec sont des Québécois, quelle que soit leur origine.

❖ **Mais il n'a jamais signé d'articles ouvertement antisémites dans les pages du *Devoir* ?**

À cette époque, c'est complètement ter-
miné et on ne trouve pas dans *Le Devoir* des
années 1950 de mention de la communauté
juive autrement que sous un jour favorable.
Ce qu'il faut bien comprendre, c'est que la
guerre, l'holocauste nazi, les horreurs du
nationalisme outrancier vont complètement
casser la machine au Québec. Le nationalisme
traditionnel va sortir de cette époque-là extrêmement bouleversé et totalement différent. Et
Laurendeau est un produit de cette réorienta-
tion tout autant qu'il y contribue activement.

❖ **Il y a vraiment une césure avec la guerre.**

Et ce qui est fascinant chez lui, c'est que la
communauté juive entre personnellement en
contact avec lui et lui demande d'animer des

soirées de dialogue au Cercle juif de langue française. Il s'agit d'un cercle qui venait d'être fondé au début des années 1950 par Naïm Kattan, et qui cherchait à rapprocher la communauté juive ashkénaze anglophone des francophones, même ceux animés de ce nationalisme qui s'exprimait maintenant différemment.

❖ **S'il avait été antisémite, on ne l'aurait sûrement pas approché !**

On ne l'aurait pas vu là. La communauté et les animateurs de la communauté savaient qu'il avait été membre des Jeune-Canada. Laurendeau va se rendre au Cercle juif de langue française et animer quelque chose de tout à fait nouveau sur le plan des rapports entre Juifs et francophones.

❖ **Dans sa thèse, Esther Delisle ne parle que des intellectuels canadiens-français. Que disait le Canada anglais à propos des Juifs ?**

Oui, c'est un autre aspect de la thèse qu'on pourrait critiquer. Le titre de la thèse est « Antisémitisme et nationalisme d'extrême droite au Québec ». Il ne s'agit donc pas que du Québec français ou du Canada français.

Il y a, au Québec, à cette époque, un nationalisme et un antisémitisme canadien-anglais. Et cet antisémitisme est totalement différent, pour des raisons évidentes. Il ne s'agit pas de la même classe sociale. Le contexte économique pour les Anglo-Canadiens du Québec n'est pas non plus le même. Il y aussi un antisémitisme canadien-anglais au Manitoba, en Ontario, aussi virulent sinon plus qu'au Québec. La différence est la suivante : l'antisémitisme des francophones est un antisémitisme du discours. C'est strident, mais c'est un antisémitisme, une hostilité incarnée surtout dans la parole et l'écriture. Et les Juifs, comme les Canadiens français, occupent le même niveau social à Montréal. Ils sont des concurrents, des petits commerçants dans les mêmes quartiers. Ils sont tous les deux au bas de l'échelle. Donc, les rapports sont fréquents entre les deux et, pour les francophones, les Juifs, c'est une occasion de définir le nationalisme de l'époque ; le nationalisme des Canadiens français.

Les anglophones du Québec manifestent entre les deux guerres un antisémitisme de structure. Ainsi, l'Université McGill, l'émanation la plus pure de l'establishment canadien-anglais, va établir des quotas d'admission pour les Juifs à partir de la fin des années 1920 et va exclure d'une institution qui mène à la mobilité sociale un grand nombre de Juifs. C'est beaucoup plus mordant, à mon avis, beaucoup plus fondamental comme antisémitisme qu'un article qui paraît dans *Le Devoir* et qui n'a pas de conséquences économiques aussi profondes.

La même chose est vraie pour ce qui est des banques anglophones, des grandes corporations canadiennes. Les Juifs vont en être exclus sur le plan économique, sur le plan social et sur le plan culturel. Ce qui est marquant dans l'antisémitisme canadien-anglais, c'est qu'il agit sans discours. Il n'y a pas dans les journaux anglophones de l'époque de discours anti-juif. On n'en parle pas, on agit.

❖ C'est plus subtil, quoi !

C'est un autre contexte. C'est le libéralisme qui marque la culture canadienne-anglaise de l'époque. On ne peut pas dire qu'on fait ça, mais on le fait. Les Canadiens français ne peuvent rien faire vraiment de marquant contre les Juifs sur le plan économique, mais ils en parlent beaucoup.

❖ En tant que membre du jury de cette thèse, avez-vous voté pour la thèse ?

Non, pour toutes ces raisons et dans le respect de l'auteure et du processus, je n'ai pas voté en faveur de cette thèse. J'ai jugé qu'il y avait trop d'éléments qui méritaient d'être revus et nuancés. L'Histoire est escamotée dans la thèse d'Esther Delisle, le contexte est absent. Je ne pouvais pas accepter les conclusions à l'emporte-pièce de Mme Delisle.

La crise

DE LA CONSCRIPTION
1917-1918

Entretien avec Lucia Ferretti

Le 4 août 1914, l'Angleterre déclare la guerre à l'Allemagne, ce qui entraîne automatiquement l'entrée en guerre du Canada, de l'Australie et de la Nouvelle-Zélande, à l'époque dominions de la Grande-Bretagne. Au Canada anglais, c'est l'euphorie. On presse le gouvernement fédéral dirigé par le conservateur Robert Borden de tout mettre en œuvre pour défendre la mère patrie, qui est pour la moitié des Canadiens anglais, l'Angleterre.

Au Canada français, on est plus ou moins réservé. Cette guerre, c'est l'affaire de l'Angleterre et de la France. Si le Canada est menacé, on veut bien prendre les armes, mais il n'est pas question d'aller se battre et de mourir sur les champs de bataille européens pour défendre les intérêts de l'Empire britannique ou ceux de l'ancienne mère patrie qui nous a abandonnés en 1760.

Si l'armée canadienne recrute facilement au cours des deux premières années du conflit, l'enthousiasme initial se dissipe et, dès la fin de 1916, le recrutement devient problématique.

En avril 1917, le Canada perd 13 400 hommes au combat, alors que seulement 5500 recrues acceptent de s'enrôler. Pour compliquer la situation, les effectifs de l'armée démontrent le manque d'intérêt des Canadiens français. Les chiffres officiels du recrutement publiés par le gouvernement fédéral en février 1916 révèlent que sur un total de 249 471 hommes alors enrôlés, 62 % sont de souche britannique et seulement 30 % de souche canadienne-française.

Pressé par le Haut-Gouvernement britannique et la presse canadienne-anglaise, Borden est conscient qu'il devra imposer la conscription. Au printemps 1917, il propose au chef libéral, Wilfrid Laurier, la formation d'un gouvernement d'unité nationale formé de conservateurs et de libéraux, mais en échange il demande à Laurier d'appuyer la conscription. Réaliste, et conscient du peu d'enthousiasme des Canadiens français à l'égard de l'enrôlement obligatoire, Laurier décline l'offre de Borden et le prévient que l'imposition de la conscription provoquera une crise nationale sans précédent.

C'est l'histoire de cette crise que relate l'historienne Lucia Ferretti.

❖ Les Canadiens français sont-ils enthousiasmés par la déclaration de guerre en août 1914 ?

L'Allemagne envahit la Belgique. En riposte, l'Angleterre déclare la guerre à l'Allemagne, mais elle ne la déclare pas en son nom propre, plutôt au nom de tout l'Empire. Si bien que le Canada, sans même avoir été consulté, se trouve engagé dans le nouveau conflit.

❖ Car il était Dominion !

C'est exact. Le premier ministre Borden craint un instant que le Canada ne se divise suivant les clivages nationaux comme c'était déjà arrivé au temps de la guerre des Boers. Or, dans un premier temps, ce n'est pas ça du tout qui arrive. Le fait que ce soit la Belgique qui soit envahie, c'est-à-dire un pays en partie francophone et très catholique, soulève chez les Canadiens français un sentiment de protection, un sentiment d'adhésion au combat, perçu comme un combat pour la défense des valeurs qui sont aussi les leurs.

Et même Henri Bourassa, le chef nationaliste canadien-français qui s'est distingué de-

impérialiste, au tout début du conflit, favorise l'adhésion du Canada à la guerre européenne. C'est ainsi que, pour un temps, les « deux nations » canadiennes sont unanimes.

❖ **Lors de la guerre des Boers, Henri Bourassa s'était opposé à l'envoi de volontaires canadiens-français. À quel moment les nationalistes s'opposent-ils à la participation canadienne au conflit ?**

En août 1914, lorsqu'Ottawa vote la Loi des mesures de guerre, il la vote sans opposition. Mais très vite, Henri Bourassa et les milieux nationalistes vont changer d'idée et ne plus tellement approuver la participation canadienne à la guerre, pour plusieurs raisons. D'abord, le Canada est séparé de la France depuis 150 ans et donc la fibre sentimentale ne vibre pas autant chez les Canadiens français pour la France qu'elle peut vibrer chez les Canadiens anglais pour l'Angleterre. Et puis, il y a des problèmes intérieurs canadiens qui réclament toute l'attention des nationalistes.

❖ **Probablement le règlement numéro 17 voté en Ontario en 1912 et qui limite considérablement les droits de la minorité française. Peut-on présumer que ce règlement empêchera l'administration Borden de mobiliser les Canadiens français pour aller servir outre-mer ?**

Absolument ! Le règlement numéro 17, voté en 1912, est le dernier avatar d'une lutte contre les droits des minorités francophones partout au Canada, qui a commencé dès 1871 au Nouveau-Brunswick. Alors, ça s'est accumulé pendant plusieurs années. Il y a eu la rébellion des Métis et d'autres événements. Et lorsqu'en 1912 le gouvernement ontarien vote le règlement numéro 17 qui limite l'enseignement du français dans les écoles bilingues, là vraiment le Canada se divise suivant les clivages nationaux. Cet événement va détourner l'attention des Canadiens français de la guerre. L'enrôlement volontaire va diminuer au fur et à mesure que la crise scolaire va prendre de l'ampleur. Comment avoir envie de se battre pour la civilisation en Europe quand on se sent soi-même attaqué dans son propre pays, disent les nationalistes.

❖ **Est-il vrai qu'à l'époque les nationalistes disaient que la véritable frontière du Québec, c'était justement l'Ontario et que, s'il y avait une frontière menacée, c'était celle-là?**

Oui, c'est vrai que l'on a dit ça. Henri Bourassa parlait des Prussiens de l'Ontario. Au même moment, un écrivain canadien-anglais posait le problème en ces termes : « La question est de savoir si oui ou non ce Canada qui est nôtre sera britannique et rien que britannique, ou s'il doit être un pays bâtard avec deux langues officielles. » Alors c'est dans ces termes qu'au moment de la Première Guerre mondiale la crise se pose au Canada. Les tensions sont énormes à l'intérieur.

❖ **Fin 1916, début 1917 le volontariat diminue et l'armée canadienne éprouve un très sérieux problème de recrutement. Comment réagissent le Canada anglais et le Canada français vis-à-vis de ce problème ?**

En 1914, le gouvernement canadien avait autorisé la levée de 25 000 volontaires. En 1915, le nombre passe à 250 000. Pour 1916, l'objectif du Canada est de 500 000 hommes. Le Canada, en 1916, compte huit millions d'habitants, dont quatre millions d'hommes. Si l'on enlève les vieillards, les bébés, les invalides, tout compte fait, 500 000 volontaires en 1916 sur une population aussi restreinte, c'est un effort énorme.

❖ **En 1916, la guerre a trois ans et l'on sait maintenant que c'est une véritable boucherie. On ne l'ignore pas au Canada ?**

Oui, mais malgré tout il y a en 1916 355 000 hommes sous les drapeaux. Si bien que la population anglophone, elle, est pour un effort de guerre maximum et pour prendre tous les moyens pour recruter les 115 000 hommes qui manquent pour atteindre l'objectif de 500 000. Mais le Canada français trouve que le Canada n'est pas menacé directement et que le volontariat devrait suffire dans ses conditions, et eux-mêmes se portent très peu volontaires. Ils se sentent très peu concernés par le conflit européen. Ils font l'objet d'humiliation dans les bataillons canadiens-anglais dans lesquels ils sont intégrés, ne reçoivent quasiment pas de promotion mais sont, par contre, toujours envoyés en première ligne sur le front. Alors ça n'a rien de très attirant et cela explique que les Canadiens français ne se portent pas volontaires très facilement bien qu'ils continuent à envoyer des milliers de tonnes de nourriture à l'Angleterre. La contribution des Canadiens français et du gouvernement du Québec consiste en un envoi massif de nourriture pour soutenir les troupes britanniques plutôt qu'en un envoi massif de volontaires.

❖ **Les pressions des Alliés, notamment de France et d'Angleterre, sont de plus en plus grandes sur le gouvernement canadien. Comment Borden réagit-il ?**

Borden revient de l'Angleterre en mai 1917, et là il a vu que les nouvelles sont épouvantables, que l'Angleterre est presque seule pour tenir le fort. Les États-Unis vont bientôt entrer en guerre. Et, comme vous le dites, les pressions sont énormes. Le 18 mai, à son retour d'Angleterre, Borden annonce son intention de recourir au service obligatoire. « Si le volontariat ne suffit plus, nous allons conscrire. » Le 24 juillet, la loi est votée, même si

Borden connaît les dangers pour l'unité nationale d'une loi sur la conscription.

❖ **Wilfrid Laurier l'avait prévenu que cela risquait sérieusement de déclencher une crise au pays. Comment l'imposition de la conscription est-elle accueillie au Canada français ?**

Très mal ! Les Canadiens français du Québec vont manifester bruyamment quand les agents recruteurs commencent à arriver. Ils sont absolument opposés à la conscription. La tension monte. Des manifestations vont s'organiser partout au Québec. Dans les autres provinces, on demande au gouvernement fédéral d'arrêter cette honte, cette tache noire sur le corps du Canada et de mettre le Québec au pas.

❖ **Ce qui veut dire ?**

Ce qui veut dire prendre les moyens pour s'assurer que les Canadiens français vont faire leur part et vont être conscrits, qu'ils ne continueront plus à s'enfuir dans les bois, ni à prendre toutes sortes de mesures pour échapper à la conscription. Mais qu'ils seront vraiment enrôlés sous les drapeaux au même titre que les Canadiens anglais.

❖ **Face à cette crise, quelle est la position de l'Église ?**

L'Église catholique est très présente pendant tout le temps du conflit. Parmi les moyens grâce auxquels les Canadiens français ont été sensibilisés au discours nationaliste des années 1910 et 1918, il n'y a pas seulement la presse comme *Le Devoir*, mais il y aussi les prônes des dimanches et les bulletins paroissiaux. Mes recherches ont montré que, pendant toute la durée du conflit, il ne se passe quasiment pas un mois sans que les bulletins paroissiaux ne parlent des droits des minorités francophones qui sont bafoués en dehors du Québec, des difficultés des francophones à se faire servir dans leur langue à Montréal par les services publics par exemple, ou même carrément de la guerre. On en parle aussi de manière très concrète dans les bulletins paroissiaux en multipliant les courts reportages, en rapportant les exploits des Canadiens français, en publiant quelques photos des champs de bataille, en faisant des reportages aussi sur la vie concrète dans les tranchées et au front.

❖ **Diriez-vous que l'Église catholique du Québec était ouvertement nationaliste ?**

Je pense que l'on peut dire en effet que l'Église a été nationaliste pendant le temps du conflit, qu'elle a encouragé par des moyens concrets la lutte contre la conscription et aussi qu'elle l'a limitée par toutes sortes de mesures. Par exemple, dans les villages lorsqu'on voyait des agents recruteurs arriver, il y avait le vicaire qui montait et qui sonnait la cloche et les jeunes qui pouvaient se cacher dans les granges ou dans les bois environnants. Il y a eu des mesures prises par l'Église pour, disons, s'opposer.

❖ **Si l'Église s'oppose à la conscription à sa manière, les journaux canadiens-français doivent-ils véhiculer le discours officiel d'Ottawa ou peuvent-ils prendre position contre la guerre et contre la conscription ?**

L'historien René Chantelois s'est penché sur cette question. Si les journaux anglophones sont unanimes à soutenir Borden, les journaux francophones, à Montréal en particulier, sont beaucoup plus nuancés. Vous avez *Le Devoir*, de Henri Bourassa, qui est tout à fait opposé à la conscription. *La Presse* soutient Borden au début, mais les vitres du journal volent en éclats, le tirage baisse très rapidement et *La Presse* révise son point de vue pour adopter une neutralité. *Le Canada*, journal francophone montréalais lié au Parti libéral, adopte le point de vue de l'opposition, c'est-à-dire qu'il réclame un référendum sur la conscription plutôt qu'un vote décisif d'Ottawa sur la question. Quant à *La Patrie*, elle aussi a eu ses vitres brisées pour avoir soutenu Borden, mais elle a maintenu pendant tout le conflit sa position d'appui inconditionnel à la conscription. Ça va lui coûter une dégringolade dont elle ne se remettra jamais. Durant les années 1920, elle aura beau tenter tous les efforts de publicité pour faire remonter son tirage, le journal est donc condamné par son appui à la conscription.

❖ Mais avec la Loi des mesures de guerre qui avait été votée au mois d'août 1914, les journaux n'étaient-ils pas soumis à une certaine censure ?

C'est-à-dire qu'il y avait des nouvelles du front qui ne pouvaient pas être retranscrites dans les journaux ; des informations ne pouvaient pas être rendues publiques, mais les positions éditoriales des journaux ont toujours été autonomes.

❖ Ce qui est assez étonnant, compte tenu de l'époque et de la sévérité de la Loi des mesures de guerre. Quand on lit le texte de la loi, la marge de manœuvre des groupes de pression était considérablement limitée et la loi donnait énormément de pouvoir au gouvernement fédéral.

C'est vrai que le gouvernement fédéral a bénéficié d'énormes pouvoirs grâce à la Loi des mesures de guerre, mais il reste que, dans un certain couloir, la liberté d'expression, pour ce qui est des éditoriaux, a pu continuer à s'exercer. En tout cas, la presse à Montréal a reflété un éventail de positions qui ont bien été décrites par l'historien Chantelois.

❖ **La conscription a été imposée en juillet 1917 et, à Montréal, la conscription provoque une grande agitation. Que s'est-il passé exactement à Montréal ?**

Dans les semaines qui suivent l'annonce de la Loi de la conscription, il y a plusieurs manifestations à Montréal, par exemple au marché Saint-Jean-Baptiste, au parc Jeanne-Mance, au parc Lafontaine. Mes recherches ont montré qu'il y a aussi une affluence sans précédent de nouveaux membres dans la Société Saint-Jean-Baptiste. La Société Saint-Jean-Baptiste était jusque-là une société nationaliste qui n'avait jamais recruté autre chose que la petite bourgeoisie de Montréal, quelques centaines de membres, 600 membres en 1911. Mais à partir du moment où le règlement numéro 17 est voté en Ontario, on commence à remarquer une recrudescence du membership. Par exemple, 3000 membres en 1913, 5000 hommes en 1917 après l'entrée en vigueur de la Loi de la conscription. Ces nouveaux recrutés viennent des quartiers les plus populaires, c'est-à-dire de l'est de la ville ou dans l'ouest, les quartiers de Pointe-Saint-Charles ou de Verdun. Ce sont des jeunes qui sont immédiatement visés par la conscription qui s'inscrivent le plus volontiers dans la Société Saint-Jean-Baptiste ; 50 % des membres ont 30 ans ou moins. Ce sont aussi, pour les deux tiers, des ouvriers, des employés. On a ainsi un indice de la pénétration dans l'ensemble des

groupes de la société, du message anticons-
criptionniste et du message qu'on ne peut
séparer la guerre européenne des conflits entre
les nations au Canada lui-même. On a aussi
un indice que, dans la population francophone, l'analyse du conflit reflète un certain
consensus.

❖ **Saccage-t-on les bureaux de conscription ?
S'attaque-t-on à des bureaux de recrutement ?**

Non, à Montréal on n'a pas remarqué de
telle violence. On a remarqué surtout la mobilisation par des manifestations, par une augmentation du membership dans la Société
Saint-Jean-Baptiste. Mais il y a peu de violence, d'émeutes. Alors qu'à Québec il y aura
vraiment des troubles assez importants et
même des morts.

❖ **À l'automne de 1917, il y a une élection
fédérale. Que se passe-t-il ?**

Le premier ministre conservateur Borden
avait tenté de former un gouvernement
d'union avec Wilfrid Laurier, le libéral. Mais
Laurier avait refusé, en mai 1917, car il savait
que le Québec ne l'aurait pas suivi dans cette
décision. Une fois que la conscription est
votée, Laurier va s'y opposer de toutes ses
forces. Pour lui, la guerre n'est pas une guerre
canadienne, mais une guerre britannique. Et
rien ne justifie l'effort total incluant la conscription et une coalition gouvernementale.

Mais Laurier ne sera pas appuyé par tous ses députés, et une partie des députés libéraux anglophones dirigés par Clifford Sifton, un ancien ministre très influent au sein du cabinet Laurier, vont appuyer Borden ; ce qui permet au premier ministre d'entreprendre des négociations avec eux. Une entente est conclue en octobre 1917. Un nouveau parti de coalition, le Union Party, est fondé. Les élections sont convoquées pour le 17 décembre 1917.

❖ **Comment se déroule cette élection ?**

La campagne du Union Party a été franchement très anti-canadienne-française et elle a visé à soulever systématiquement le Canada anglais contre le Québec. Le premier ministre de l'Ontario avait déclaré « que le Québec devrait être contraint de participer avant que l'Ontario ne le force à le faire ». Alors, le ton de la campagne était très violent. Le soir des élections, le gouvernement d'Union remporte la victoire : 153 sièges, dont seulement 3 au Québec ; tous dans des châteaux forts anglophones de Montréal. Le Québec francophone ne compte aucun représentant au gouvernement.

❖ **Le Canada est réellement divisé. Le Canada français a voté pour les libéraux, le Canada anglais a voté pour l'Union Party ?**

Absolument, c'est clair comme ça !

❖ **À la suite de ce résultat, la célèbre motion Francœur sera présentée à l'Assemblée législative du Québec. Quel effet la motion Francœur aura-t-elle sur l'opinion canadienne-anglaise ?**

La motion Francœur est finalement l'expression d'un écœurement des Canadiens français face à la campagne clairement raciste qui vient de se dérouler. La motion Francœur ne dit pas : « Puisque c'est comme ça, nous déclarons l'indépendance ». La motion Francœur dit : « La Confédération c'est un pacte, si cela ne fait plus votre affaire ce pacte-là, si on empêche le progrès du Canada, nous consentons à partir et à vous laisser vous développer. Si on est une telle entrave au progrès du Canada, nous allons partir. » Cela va créer une commotion dans les milieux canadiens-anglais et là des pressions très fermes vont s'exercer sur le premier ministre Gouin pour qu'il force son propre député Francœur à retirer sa motion.

En janvier 1918, la motion est présentée à la reprise de la session, après les vacances de Noël. On en discute à l'Assemblée législative du Québec pendant quelques jours. Lomer Gouin finit par obtenir que Francœur la retire. On sait par ailleurs que tout un contexte faisait que les gouvernements du Québec étaient souvent à la merci des banques. Entre autres des banques canadiennes-anglaises, la Banque de Montréal, la Banque Royale ; des banques qui octroyaient des prêts au Gouvernement. Et il ne fait presque aucun doute que les milieux d'affaires anglophones ont exercé des pressions sur Gouin pour qu'il amène Francœur à retirer sa motion. C'est ce qui est fait, Francœur retire sa motion. Cela a laissé une certaine amertume dans l'opinion publique québécoise parce que tout ce que Gouin a dit : « Nos pères ont toujours subi des outrages et le Canada français a toujours continué à se développer. Nous pouvons continuer à nous développer dans le pacte confédératif. » Les gens ont été relativement amers de cette position assez molle de Gouin.

❖ **La motion Francœur est retirée. La crise se dissipe un peu et, pourtant, l'agitation reprendra, cette fois à Québec. Pourquoi cette nouvelle agitation à Québec ?**

Le calme était revenu.

❖ **Alors que l'année précédente l'agitation avait eu lieu à Montréal !**

En effet, le calme était revenu chez les hommes politiques, mais dans la population c'était très tendu. Une étincelle suffisait à faire enflammer le brasier.

En effet à Québec, comme le fait remarquer l'historien Jean Provencher, les hommes qui sont chargés de veiller au recrutement sont plus ou moins louches. Certains sont soupçonnés par la population d'appartenir à la petite pègre de la ville. Ce qui fait qu'on leur dit que, pour chaque déserteur qu'ils vont trouver, ils auront une prime de 10 $ en plus des 3 $ par jour de salaire. Ce qui était un très bon salaire à l'époque, si bien que les agents recruteurs seront intéressés à trouver des déserteurs et vont prendre les moyens pour en trouver. S'il faut déchirer les cartes d'exemption des jeunes garçons qui la présentent aux autorités et ensuite les faire passer pour des déserteurs parce qu'ils n'ont pas de certificat d'exemption, on va le faire. Il n'y a pas de limite aux pratiques des agents recruteurs à Québec. C'est ce qui va soulever l'indignation de la population.

❖ **Comment se manifeste cette colère ?**

Entre le Jeudi saint et le Samedi saint et même le dimanche de Pâques, l'agitation connaît une montée continuelle. Le Jeudi saint, vous avez une manifestation spontanée de 2000 à 3000 jeunes à la suite de l'arrestation d'un jeune garçon qui jouait aux quilles dans une salle de billard et qui se fait arrêter brutalement par la police de la ville et par les agents recruteurs et qui leur dit : « J'ai mon certificat d'exemption à la maison », mais on refuse de lui permettre d'aller le chercher. Cela soulève l'indignation de la population.

Le vendredi, cette fois, c'est une foule de 3000 personnes qui grossit jusqu'à 15 000, et qui se dirige vers l'auditorium de Québec et qui saccage les bureaux de l'auditorium où sont consignés tous les dossiers des conscrits.

Le samedi, une foule énorme manifeste de nouveau dans les rues de Québec. Des officiers anglophones les insultent, les traitent de bâtards, de tous les noms, pour susciter encore plus la révolte. Leurs collègues francophones...

❖ C'est de la provocation ?

C'est clairement de la provocation. Les cavaliers poussent brutalement la foule. Il y a un crescendo. La foule est sans armes, mais les cavaliers agitent des haches au-dessus d'elle, ce qui fait que, dans la rue Saint-Jean, il y a des affrontements entre les piétons et la cavalerie. Il y a tentative de soulever la population de Québec. C'est ce que dit Jean Provencher.

❖ Mais les autorités municipales de Québec et la police de Québec réagissent-elles ou laissent-elles faire ?

Ce que l'on a pu remarquer, c'est que le maire de Québec et la police municipale réclament et demandent l'aide des militaires pour apaiser la population. Eux-mêmes ne bousculent jamais, incitent au calme, regardent les manifestations sans jamais tirer. Je ne dirais pas qu'ils font preuve de complaisance. Mais ils sont quand même très tolérants face aux manifestations. Et c'est même une des raisons qui va inciter le premier ministre Borden à passer par-dessus la tête des forces de l'ordre municipales et du maire lui-même et à prendre les choses en main.

❖ **Pourquoi Borden a-t-il eu recours à des militaires canadiens-anglais ? Voulait-il faire monter les enchères et provoquer délibérément un affrontement entre les manifestants canadiens-français et les soldats canadiens-anglais qui sont envoyés à Québec ?**

Ce qui est certain, c'est que Borden ne faisait pas confiance aux militaires canadiens-français pour mater les émeutes, il a donc fait venir des troupes de l'Ontario et du Manitoba. Par contre, il les a placées sous le haut commandement du plus haut gradé canadien-français dans l'armée canadienne, le général Lessard.

Le général Lessard avait la direction de toutes les opérations et avait carte blanche pour agir. Mais, sous ses ordres, tous les régiments étaient des régiments canadiens-anglais.

❖ **Que s'est-il passé exactement le lundi de Pâques, le 1er avril 1918 ?**

Le général Lessard, justement, est décidé à mater par la force tout nouveau soulèvement et toute nouvelle manifestation des gens de

Québec. Bien que le maire de Québec lui-même et d'autres personnes en autorité dans la ville se rendent chez le général Lessard pour lui dire : « Écoutez, calmons-nous, pas de provocation, la population restera calme si elle ne voit pas de troupe circuler dans la ville », le général Lessard fait la sourde oreille et décide de placer au moins 1000 hommes au marché Jacques-Cartier dans la journée et dans la soirée du 1er avril 1918.

Il fait placarder partout dans la ville un avis public pour inciter les gens à rester chez eux, mais il omet de le signer et de tamponner les armoiries du Gouvernement. Si bien qu'on peut penser que cet avis public n'est pas un avis officiel. Le soir, à partir de 19 heures, plusieurs centaines de militaires ontariens patrouillent dans les rues des quartiers populaires de Saint-Roch et Saint-Sauveur. Vers 20 heures, les soldats à pied et à cheval s'engagent sur la place Jacques-Cartier. On disperse ceux qui commencent à s'assembler. On fait vider les pubs et les salles de billard autour de la place et on piétine à cheval les femmes et les enfants qui s'apprêtent à rentrer chez eux. La tension monte, la foule lance des projectiles contre les militaires et des situations analogues surviennent au même moment dans d'autres quartiers de la ville.

Dans le quartier populaire de Saint-Roch, une petite foule de 400 hommes refuse d'écouter les policiers municipaux qui tentent de les refouler, qui tentent de leur dire : « Écoutez, ça va mal tourner, rentrez chez vous. » La foule de nouveau lance des projectiles en direction des soldats. Ceux-ci tirent par trois fois à la carabine chargée à blanc sur les manifestants et d'ailleurs les manifestants sont convaincus que c'est impossible que des soldats canadiens tirent pour vrai sur des manifestants canadiens et donc que, dans le fond, les balles sont des balles blanches. Mais au bout de trois salves de carabine, les militaires sortent les mitrailleuses qui ne sont pas chargées à blanc. La panique s'empare de la foule. La foule court dans toutes les directions. Les salves de mitrailleuses se font entendre. Il y aura quatre morts.

❖ Qui sont les victimes ? Des manifestants ?

Non. Ce ne sont pas des manifestants. Ce sont deux étudiants de l'École technique qui sont rentrés de la campagne cette soirée-là et qui retournent chez eux parce que les cours vont recommencer le lendemain. C'est un menuisier de 49 ans qui est parti à la recherche de ses jeunes enfants. Un enfant de 14 ans qui rentrait chez lui. Ce ne sont pas des manifestants, ce sont des gens qui allaient rentrer chez eux dans un quartier densément peuplé et qui se trouvaient sur la voie des mitrailleuses.

❖ Les responsables sont-ils jugés ?

Pour être certain que les militaires ne puissent pas être traduits devant les tribunaux civils, le gouvernement Borden vote, le 4 avril, la Loi martiale et l'applique de façon rétroactive au 28 mars précédent. *L'habeas corpus* est supprimé. Par contre, comme il y a mort d'homme, il doit y avoir, malgré la Loi martiale, enquête du coroner. Le coroner fait enquête, révèle que des balles explosives, dont l'usage est illégal, ont été employées et ont tué des gens. Les juges nient l'avis du coroner sur cette question. De même, le pillage que pratiquent les soldats, parce que la désorganisation de la ville est complète, ne sera pas puni et ne tombera pas sous le coup de la loi militaire qui pourtant est très sévère habituellement envers les soldats pour les cas de pillage. Enfin, ni les commerçants pillés ne seront dédommagés ni les familles des victimes. Il n'y aura jamais de dédommagements accordés.

❖ Cette crise démontre-t-elle le fossé qui séparait les deux Canadas ?

Oui, toute la crise de la conscription, la campagne électorale, les violations répétées des droits des minorités francophones durant les cinquante ans qui précèdent 1917, c'est-à-dire depuis l'établissement du pacte confédératif dont on célèbre le demi-siècle, justement cette année-là, montrent qu'il y avait une haine des Canadiens anglais contre les Canadiens français, qui a culminé en 1917, qui s'est exprimée de cette façon violente dans les rues de Québec au printemps de 1918. La tension a été tellement forte que, par la suite, les autorités, aussi bien provinciales que fédérales, vont toujours faire attention de ne plus donner d'occasion à une telle violence de s'exprimer. Et on peut dire que la crise de la conscription de 1942, qui est aussi restée dans notre mémoire comme une crise importante, reflète infiniment moins de violence que la crise de 1917 parce que le gouvernement de Mackenzie King a été très attentif à ne pas aggraver les tensions nationales et à ne pas donner l'étincelle qui permettrait une nouvelle fois aux tensions de s'exprimer.

Lucia Ferretti est professeure d'histoire à l'Université du Québec à Rouyn-Noranda.

Pour aller plus loin

BÉLANGER, Réal, *L'impossible défi. Albert Sévigny et les conservateurs fédéraux 1902-1918*, Québec, Les Presses de l'Université Laval, 1983.

BÉLANGER, Réal, *Wilfrid Laurier. Quand la politique devient passion*, Québec, Les Presses de l'Université Laval, 1986.

Collectif dirigé par Carl BERGER, *Conscription 1917*, Toronto, University of Toronto Press, 1970.

GIRARD, Camil, *Un pays fragile. Le* Times *de Londres et l'image du Canada, 1908-1922*, Chicoutimi, Éditions JCL, 1994.

MORTON, Desmond, GRANATSTEIN, J. L., *Marching to Armageddon, Canadian and the Great War, 1914-1918*, Toronto, Lester E. Orpen Dennys, 1989.

PROVENCHER, Jean, *Québec sous la loi des mesures de guerre*, Trois-Rivières, Boréal Express, 1971.

La motion

FRANCŒUR

Entretien avec René Durocher

*E*n décembre 1917, le député libéral de Lotbinière,
Joseph Napoléon Francœur, dépose une motion à
l'Assemblée nationale du Québec : « Que cette chambre
est d'avis que la province de Québec serait disposée à
accepter la rupture du pacte fédératif de 1867, si dans
les autres provinces on croit qu'elle est un obstacle à
l'union, au progrès et au développement du Canada. »

En présentant cette motion, Francœur ne cherchait
pas vraiment à poser la question de la séparation de la
province, mais à faire prendre conscience au Canada
que les Canadiens français ne pouvaient plus supporter
les critiques acerbes dont ils étaient l'objet de la part de
la presse canadienne-anglaise. Du Toronto News au
Winnipeg Free Press en passant par l'Orange Sentinel,
la presse anglophone présentait les Canadiens français
comme des lâches qui non seulement refusaient de
défendre la mère patrie britannique, mais allaient
même jusqu'à œuvrer pour la victoire de l'Allemagne.

En s'opposant à la conscription imposée en juillet 1917 par le gouvernement du conservateur Robert Borden et en votant massivement pour les libéraux de Laurier à l'élection de 1917, les Canadiens français semblaient manifester une volonté de faire bande à part au moment où l'empire britannique était menacé par l'Allemagne du Kaiser Guillaume II. En fait, la crise de 1917-1918 est probablement la pire crise nationale et de l'histoire du pays. Jamais les deux peuples fondateurs n'ont été aussi divisés.

Tout se passe comme si la guerre avait révélé les différences, voire le fossé séparant les deux peuples. Pour les Canadiens français, il n'était pas question d'aller se faire tuer sur les champs de bataille de Flandres pour défendre l'Empire britannique, alors que pour les Canadiens anglais, dont la moitié étaient nés en Angleterre, c'était une question d'honneur d'aller défendre la mère patrie menacée par les hordes teutoniques.

C'est dans ce climat de crise nationale que fut présentée la motion Francœur relatée par l'historien René Durocher.

La motion Francœur est présentée en décembre 1917 et janvier 1918, donc en pleine Première Guerre mondiale, en pleine crise de la conscription et c'est à peu près le pire contexte de tension que l'on pouvait imaginer entre les Canadiens français et les Canadiens anglais. Au début de la guerre, il y a eu une certaine acceptation de la part des Canadiens français, voulant que le Canada puisse participer à cette guerre qui impliquait l'Angleterre et la France, même si c'était contraire à ce que les nationalistes, notamment Henri Bourassa, avaient prêché depuis plusieurs années que le Canada ne devait pas participer à une guerre de l'Angleterre ou à une guerre extérieure. En 1914, Bourassa et les nationalistes ont reculé sur leurs principes parce qu'ils ne voulaient pas venir en conflit avec l'épiscopat qui prenait position pour la participation à la guerre. On sait que Bourassa était très catholique et ne voulait pas affronter directement l'Église catholique là-dessus. Donc, les gouvernements, le clergé et même les nationalistes ont accepté la participation à la guerre, mais très tôt cela va se gâter. Il faut dire que, dans ce Canada de 1914 où il y a à peu près huit millions de Canadiens, il y a beaucoup de gens qui sont des immigrés de Grande-Bretagne ou qui sont des fils d'immigrés de Grande-Bretagne et ce sont ceux qui s'enrôlent le plus massivement.

Mais à mesure que la guerre avance, l'effort que fournit le Canada, l'effort matériel pour la production de guerre, pour l'alimentation, l'effort en hommes aussi, s'intensifie. Et là, les nationalistes commencent à dire que c'est trop, que c'est exagéré qu'on n'est pas pour ruiner le Canada pour sauver la Grande-Bretagne. Au début, le Canada promettait d'envoyer 100 000 hommes, ensuite il promet 250 000 hommes, puis très rapidement, s'engage pour 500 000 soldats. Alors 500 000 soldats sur une population de huit millions, c'est énorme. Et l'autre phénomène qui vient augmenter considérablement la tension entre Canadiens français et Canadiens anglais, c'est que les Canadiens anglais reprochent au Québec de ne pas faire sa part dans l'effort de guerre. Et là on se déchaîne : les Canadiens français sont des lâches et refusent de combattre ; les Canadiens français en profitent pour rester ici et augmenter leur force démographique afin de dominer le pays ; tout cela aggrave considérablement les tensions.

Un autre facteur vient augmenter les tensions, bien qu'il ait débuté avant la guerre, mais il s'intensifie pendant cette période, c'est la fameuse querelle des écoles franco-ontariennes. En 1912, le gouvernement de l'Ontario a voté ce que l'on a appelé le règlement numéro 17, qui limitait très sévèrement l'enseignement en français dans les écoles catholiques de l'Ontario. Avant 1912, on enseignait toutes les matières en français pendant tout le cours primaire. Mais le règlement limite sévèrement cet enseignement aux deux premières années. C'est juste une transition pour s'assurer que les enfants puissent suivre leurs cours en anglais, ce qui déchire et divise considérablement la minorité franco-ontarienne, mais aussi le Québec parce qu'à l'époque on était beaucoup plus préoccupé qu'aujourd'hui par les minorités françaises hors Québec. Cette question des écoles franco-ontariennes, de l'« abolition » de l'enseignement français (je mets le terme abolition entre guillemets parce que l'on en gardait un peu), est perçue comme une menace directe à l'avenir du Canada bilingue et biculturel que prônait Bourassa. Il y avait eu des crises avant, au Nouveau-Brunswick et au Manitoba, mais l'Ontario c'était à côté, c'était le groupe français le plus nombreux et cette nouvelle crise touchait très directement le Québec. Si bien que, pendant la guerre, lorsqu'on dit aux Canadiens français d'aller défendre la patrie sur les champs de bataille en Europe, ceux-ci répliquent qu'« [i]ls vont commencer à défendre la patrie ici même, que, s'il faut combattre les boches en Europe, il faut aussi combattre les boches et les prussiens d'Ontario qui briment et oppriment les Canadiens français. »

Il s'agit d'une crise particulièrement aiguë.

❖ Peut-on dire qu'il y avait un sentiment anti-Canadien français au Canada anglais en 1917 ?

Très certainement et ce n'est pas être paranoïaque que de le dire, quand on regarde les journaux de l'époque, c'est un déferlement dont on n'a pas idée aujourd'hui. Je pense que les journaux de l'époque étaient beaucoup plus virulents et plus violents et il y a vraiment quelque chose qui blessait, qui heurtait profondément les Canadiens français. Et on l'a fait de façon générale contre les Canadiens français en les accusant d'être des lâches, de ne pas faire leur devoir vis-à-vis de la mère patrie ou vis-à-vis de l'Angleterre ou de la France. Mais le sentiment était tel que même un homme comme Wilfrid Laurier, premier ministre du Canada de 1896 à 1911, sera accusé d'être plus ou moins un allié du Kaiser, un traître à son pays parce qu'il s'oppose à la formation d'un gouvernement d'union et à la conscription. C'était du délire, Laurier avait été un grand premier ministre, l'incarnation même du Canada. Alors imaginez ce qu'on pouvait dire de Henri Bourassa et des nationalistes ! D'une façon générale, il y avait beaucoup de virulence et de violence dans les journaux de l'époque.

❖ Peut-on parler d'un courant séparatiste au Québec en 1917-1918 ?

Il y avait peut-être quelques individus admirateurs de Jules-Paul Tardivel (1851-1905), journaliste et propriétaire de *La Vérité* qui prônait l'indépendance du Canada français. Tardivel considérait que la Confédération canadienne était une erreur où on allait y perdre les caractéristiques fondamentales de la nationalité canadienne-française, c'est-à-dire notre caractère français et catholique. Bref, la Confédération sera un échec et comme il le disait : « À l'heure choisie par la divine providence, le Canada français allait affirmer son identité et se définir. » Mais cela restait très vague, c'était le Canada français, puis c'était quand la providence le jugera à propos. Alors effectivement, la providence ne l'a pas jugé à propos.

Et au temps de la Première Guerre comme telle, même s'il y a un mouvement nationaliste qui est fort, Bourassa est un porte-parole redoutable du mouvement nationaliste et fait vraiment peur à Laurier et à Gouin parce que, d'une certaine façon, ils se disent que si eux cèdent, ou s'ils ne défendent pas adéquatement les intérêts du Canada français ou du Québec, il y a des chances que Bourassa prenne le pouvoir d'une façon ou d'une autre. Encore qu'il ne faut pas voir Bourassa organisé comme peut l'être le Parti québécois, être une alternative aussi présente, immédiate.

Mais c'est la menace qui pèse, l'ombre de Bourassa, parce qu'il serait peut-être capable de soulever beaucoup de Québécois, mais Bourassa n'est pas séparatiste. Bourassa défend un Canada bilingue, biculturel, un Canada qui respecte les droits des Canadiens français hors Québec, les droits scolaires et religieux des Canadiens français hors Québec. Pour lui, le coupable, ce qui empêche que ça se réalise, c'est l'impérialisme. Évidemment pour lui, la Première Guerre mondiale, c'est l'incarnation même de l'impérialisme. Mais Bourassa ne se décourage pas. Donc les quelques idées ou individus qui pouvaient être séparatistes n'ont pas l'appui du mouvement nationaliste et ce n'est pas dans cette direction qu'on va. Comme on le voit, la motion Francœur n'est pas séparatiste, elle dit : « ... si les autres ne veulent pas de nous ».

❖ Mais les Anglo-Québécois ont-ils été inquiétés par la motion Francœur ?

On ne s'inquiète pas beaucoup. On ne prend pas cette motion très au sérieux. Ce n'est pas perçu comme une grave menace. Il n'y a personne qui fuit en masse vers l'Ontario. Il n'y a pas de grand déplacement de population. Les Canadiens anglais, surtout à cette époque, se sentent tellement les plus forts, tellement convaincus de la justesse de leur cause, et puis de toute façon les leaders québécois ne sont pas séparatistes. Alors il n'y a pas de menace immédiate. Encore que les gens sensés, raisonnables, sentent bien que c'est un climat qui est malsain, mais il n'y a pas d'inquiétudes profondes.

❖ **Peut-on dire que la motion Francœur constitue un bluff ou un incident qui révèle un malaise au Canada, le résultat de la crise nationale provoquée par la conscription ?**

Je pense qu'on dirait que c'est un bluff si l'on comprend mal le sens de la motion. C'est-à-dire qu'il n'est pas vraiment question de séparation, c'est tellement conditionnel. Donc, ce n'est pas un bluff dans ce sens-là, ce n'est pas une menace de séparation.

Je pense que la motion Francœur est vraiment révélatrice d'un malaise profond qui n'est pas imaginaire, qui est très réel ; il y a des frustrations considérables. La motion Francœur sert de soupape où l'on peut essayer d'exprimer, d'articuler ses griefs, ses frustrations. Cela a joué un rôle dans le débat qui n'a pas été inutile, sans rien régler toutefois. Et il y en a eu d'autres qui ont exprimé leurs frustrations autrement, par des manifestations qui souvent dégénéraient en violence. Il y a eu des émeutes à Québec en avril ; des émeutes où il a fallu faire intervenir l'armée et des régiments d'Ontario, on a tiré sur la foule. Il y a eu quatre morts lors de ces émeutes en avril 1918 à Québec. Donc, il y avait des tensions, des frustrations. La motion Francœur a été un

moyen parlementaire d'exprimer ces frustrations et cette tension.

❖ **Si l'on compare avec la situation actuelle,
peut-on faire un parallèle entre la crise de
1917-1918 et la querelle actuelle entre le
Québec et le Canada ?**

Oui et non ! Comme c'est souvent le cas en
histoire. Je pense que le point commun est un
malaise profond, qui n'est pas du même type
ou du même ordre que celui que l'on vit
actuellement.

Dans les relations entre les Canadiens
français et les Canadiens anglais, il y a eu
beaucoup de crises, mais différents types de
crises. Il y a eu des crises qui ont été liées aux
questions des minorités francophones hors
Québec : toutes les questions scolaires, religieuses ; les droits scolaires et religieux des
minorités ; l'affaire Riel, l'affaire des écoles du
Manitoba : l'affaire des écoles franco-
ontariennes. C'est un type de crise. Il y a eu
aussi un type de crise qui était lié à la guerre
et à la question de l'impérialisme, la guerre
des Boers de 1899 à 1901, la Première Guerre
mondiale, la Seconde Guerre mondiale. Il y a
eu des crises linguistiques, puis il y a eu des
crises constitutionnelles. Donc, la crise qui
entoure la motion Francœur touche la
question de la guerre. Tandis qu'aujourd'hui
ce qu'on vit c'est une crise constitutionnelle.
Ce sont deux types de crises un peu différents,

et la crise de 1917 et 1918 est très intense. Quand il s'agit de savoir si l'on va vous envoyer de force sur le champ de bataille ou non, c'est vraiment une question de vie ou de mort au sens strict, ce n'est pas symbolique, c'est très réel comme question. Mais d'une certaine façon, c'est aussi une question conjoncturelle, c'est-à-dire qu'une fois que c'est fini la crise s'apaise assez rapidement. Tandis que la crise constitutionnelle actuelle est une crise qui peut se prolonger pendant des années et des années.

Donc, ce sont deux types de crises différents mais, dans les deux cas, je pense qu'il y a un malaise profond entre Canadiens français et Canadiens anglais. Je pense que, dans les deux cas aussi, il y a un point commun, en ce sens que les Canadiens français à tort ou à raison, il faudrait faire une longue analyse, voir les deux côtés de la médaille comme on dit, se sentent rejetés, sentent qu'on ne veut pas d'eux au Canada, se sentent insultés aussi par certaines attitudes des Canadiens anglais. Ce qui est différent toutefois, c'est que, à l'époque de la motion Francœur, le courant indépendantiste est très marginal, ce sont quelques individus ici et là. Dans la crise actuelle, ce courant n'est pas marginal. Aussi les Québécois d'aujourd'hui sont beaucoup plus confiants dans leurs moyens, dans leur avenir que ceux de 1917.

Une autre différence aussi, c'est que les Québécois de 1917 sont beaucoup plus sensibles au sort des minorités françaises hors Québec qu'ils ne le sont aujourd'hui. Mais je pense que la motion Francœur n'est pas un événement majeur. C'est un événement qui fait partie de notre histoire qui, à l'époque en 1917-1918, a eu beaucoup d'importance pour les gens. Les gens en ont parlé beaucoup. On le voit dans les journaux qui ont été analysés par René Castonguay qui a fait un mémoire de maîtrise, sous ma direction, à ce sujet. Mais cela s'est résorbé assez vite. Il y a eu des discussions pendant un mois et ça s'est arrêté là ; mais la crise a continué. Au fond, c'est un épisode dans ce grand événement majeur de l'histoire du Canada qu'est la Première Guerre mondiale. Et comme a dit un historien canadien-anglais, Desmond Morton : « La guerre : souvent ça sert à cimenter, à faire une nation, un peuple ; un peuple devient une nation à l'occasion de la guerre. Il y a tellement de choses en commun qui le soudent. » Il dit aussi : « La Première Guerre mondiale a joué ce rôle, mais cela a créé au Canada deux nations. » C'est un historien canadien-anglais qui le disait pour bien montrer l'importance et le caractère profond de la division des Canadiens français et des Canadiens anglais, à l'occasion de la Première Guerre mondiale.

René Durocher est vice-doyen à la Recherche et professeur au département d'histoire de l'Université de Montréal.

Pour aller plus loin

BÉLANGER, Réal, *L'impossible défi. Albert Sévigny et les conservateurs fédéraux 1902-1918*, Québec, Les Presses de l'Université Laval, 1983.

BÉLANGER, Réal, *Wilfrid Laurier. Quand la politique devient passion*, Québec, Les Presses de l'Université Laval, 1986.

Collectif dirigé par Carl BERGER, *Conscription 1917*, Toronto, University of Toronto Press, 1970.

MORTON, Desmond, GRANATSTEIN, J. L., *Marching to Armageddon, Canadian and the Great War, 1914-1918*, Toronto, Lester E. Orpen Dennys, 1989.

PROVENCHER, Jean, *Québec sous la loi des mesures de guerre*, Trois-Rivières, Boréal Express, 1971.

La loi

DU CADENAS

Entretien avec Bernard Dionne

*E*n octobre 1936, 15 000 fidèles, dont le cardinal Villeneuve, le maire Ernest Grégoire et le premier ministre Maurice Duplessis, sont réunis au Colisée de Québec pour déclarer la guerre au communisme. L'année précédente, le cardinal Villeneuve écrivait : « Le communisme au Canada n'est plus un projet, il est une réalité. Le feu en est allumé parmi nous, il est urgent de le circonscrire. Si tous les efforts ne se concentrent pas, l'incendie va se développer rapidement et il ravagera sans aucun doute et nos institutions et notre société. »

Si cette déclaration nous fait rire aujourd'hui, à l'époque, elle était prise au sérieux. Pour les élites traditionnelles et pour le clergé, le communisme représentait la grande menace, bien plus que le fascisme ou le nazisme. En fait, depuis le triomphe des bolcheviques en Russie en 1917, le communisme hantera les bienpensants au Québec, tellement que, dès 1918, le journaliste Armand Lavergne n'hésitera pas à déclarer :

« que le peuple du Québec représente au Canada la seule sauvegarde, l'inébranlable rempart contre la ruée sociale du bolchevisme. » Avec la crise et le chômage massif qui touche 25 % de la population active, la peur du communisme devient une véritable obsession. Maurice Duplessis, élu en juin 1936, est parfaitement conscient de cette crainte et plutôt que de mettre en œuvre un véritable programme de réformes sociales, il préfère opter pour la carte de l'anticommunisme afin de plaire aux élites économique et cléricale. L'anticommunisme deviendra son principal cheval de bataille si bien qu'en mars 1937 il présente la loi du cadenas.

L'historien Bernard Dionne relate l'histoire de cette loi fort controversée.

❖ **Le Parti communiste canadien est fondé le 21 juin 1921 à Guelph en Ontario. Existe-t-il à cette époque un sentiment anticommuniste au Canada et plus particulièrement au Québec ?**

Bien entendu, on n'a pas attendu la création officielle d'un parti communiste pour tenter de réprimer la diffusion des idées communistes. Dès la fin du XIXe siècle, dès qu'on fonde un parti ouvrier ou des clubs ouvriers, l'épiscopat au complet au Québec réprouve ce genre de propagande, et dès qu'un parti socialiste, le 1er mai 1906 par exemple, essaie de défiler à Montréal pour faire valoir ses idées, il est impitoyablement réprimé. La manifestation est interdite par la police. En 1918, en pleine guerre, le Parti social démocratique et le Parti socialiste sont interdits purement et simplement au Canada sous le gouvernement Borden. Et il ne faut pas oublier que nous sommes en pleine crise de la révolution russe. Et on a vraiment peur qu'il y ait une propagation des idées communistes au Canada.

❖ **On ne doit donc pas s'étonner que l'article 98 du Code criminel, proposé par le ministre de la Justice Arthur Meighen dans le cabinet conservateur, condamne les activités du Parti communiste.**

J'ai écrit un livre sur le sujet qui s'appelle : *Le droit de se taire**. C'était le seul droit que les communistes avaient finalement et on le voit avec l'article 98 du Code criminel qui rend passible d'emprisonnement quiconque appartient à une association soupçonnée de prôner le renversement violent de l'ordre établi. Alors cela inclut des syndicats de gauche comme le One Big Union dans l'Ouest du pays, créé en 1919 ; cela inclut également des sections locales des Industrial Workers of the World (IWW) américains, mais il y en avait quelques sections au Canada, que l'on appelle les Wobblies et bien entendu le communisme et toute personne qui prône le renversement d'une quelconque façon de l'ordre établi. Mais qui définit l'ordre établi, le renversement violent et les termes en vertu desquels les gens peuvent être emprisonnés, arrêtés et des associations détruites ?

❖ **Les membres du Parti communiste canadien sont-ils pourchassés ou surveillés par les autorités canadiennes ?**

Évidemment, dès ce moment-là, par exemple en 1931, tous les chefs communistes sont emprisonnés, ils sont neuf. On en libère un, parce qu'il était membre de la jeunesse communiste et pas du parti, mais les huit chefs du parti sont emprisonnés pendant deux ans à Kingston en Ontario et ne seront libérés qu'en 1934 lorsque le gouvernement de Mitch Hapburn va relâcher un peu la pression. Donc, les chefs communistes sont en prison, au Québec les journaux comme *Clarté* sont interdits de publication, sont saisis, le courrier est surveillé, les militants sont harcelés. Toute personne qui veut prêter son local pour organiser une réunion est évidemment harcelée par la police, l'escouade rouge de la police de Montréal est bien connue pour ses actions antidémocratiques à l'époque.

❖ **Mais, au Québec, y a-t-il beaucoup de communistes à cette époque ?**

Au Québec, grâce à des recherches faites par Marcel Fournier et d'autres, nous sommes arrivés peut-être à quelques centaines de communistes dans les années 1930. C'est seulement vers la fin de la Seconde Guerre mondiale, lorsque l'Union soviétique est devenue notre alliée et que le parti est devenu légal et que les idées communistes avaient une certaine audience à travers le monde que l'on parle d'un parti au Canada qui a peut-être compté entre 20 000 et 25 000 membres. Au Québec, le maximum se situe à 2500 membres en comprenant tous les compagnons de route. C'est un parti tout à fait marginal.

❖ **Qui sont les principaux ténors de l'anticommunisme au Québec ?**

D'abord l'Église catholique, l'épiscopat, Mgr Villeneuve, Mgr Gauthier de Montréal. Ensuite, les maires de Montréal réclament des interventions parce que les communistes organisent les chômeurs, les femmes, les sans-abri, les aident même à *squatter* comme ils disaient dans les appartements, parce qu'il y a une crise du logement épouvantable à Montréal à la fin de la guerre. Tous les maires de Montréal réclament une action vigoureuse contre le communisme.

Il y a également *L'Action catholique*, de même que l'École sociale populaire du père Joseph Archambault qui publie 500 brochures entre les années 1911 et 1950 dont au moins 25 à 30 qui portent sur le phénomène du communisme ou du socialisme. Je dirais que toute l'intelligentsia québécoise est radicalement anticommuniste.

❖ **En mars 1937, Maurice Duplessis fait adopter à l'unanimité la « loi du cadenas » au terme d'un débat d'une demi-heure. En quoi consiste la « loi du cadenas » ?**

Je vous lis trois articles et on va voir de quel bois Maurice Duplessis se chauffait !

Article 3 : « Il est illégal pour toute personne qui possède ou occupe une maison dans la province de l'utiliser ou de permettre à une personne d'en faire usage pour propager le communisme ou le bolchevisme par quelque moyen que ce soit. »

Bien entendu, nulle part on a défini ce qu'est le communisme.

Article 12 : « Il est illégal d'imprimer, de publier de quelque façon que ce soit ou de distribuer dans la province un journal, une revue, un pamphlet, une circulaire, un document ou un écrit quelconque propageant ou tentant de propager le communisme ou le bolchevisme. »

Est-ce que ça inclut, par exemple, la documentation de la Cooperative Commonwealth Federation (CCF), l'ancêtre du NPD, qui est un parti socialiste tout à fait légal, mais qui prône le socialisme, la redistribution des richesses au Canada ? Et d'ailleurs la CCF va dénoncer la loi parce qu'elle est trop imprécise.

Un dernier article, le 8e « Quiconque commet une infraction à l'article 12 ou y participe est passible d'un emprisonnement d'au moins trois mois. » Et des personnes ont été emprisonnées et des lieux cadenassés, d'où l'expression « loi du cadenas ». La police avait le droit, sur simple mandat du Procureur général, qui était Maurice Duplessis en l'occurrence, d'arriver chez vous, de mettre un cadenas, de fermer la maison et d'arrêter les gens. La présomption d'innocence ne jouait pas parce qu'il était évident que, puisqu'il fallait enrayer le communisme, il fallait arrêter les gens.

❖ **Pourquoi Maurice Duplessis a-t-il présenté cette loi en 1937 ?**

J'ai l'impression que, dans les années 1935, 1936, 1937, il y a non seulement le communisme — le parti communiste gagne une audience supplémentaire bien sûr — mais c'est surtout les syndicats internationaux qui sont de plus en plus actifs et plus dynamiques. On a gardé certaines vieilles phobies et il y a la guerre d'Espagne. On a peur. C'est vrai qu'on a peur. À mon avis, on a exagéré la réalité du communisme pour mieux faire passer des lois répressives qui permettaient d'emprisonner des leaders socialistes, sociaux-démocrates ou syndicalistes. C'est un mélange de tout ça, une certaine peur nourrie par les mythes, par les anticommunistes notoires et la réalité d'un syndicalisme international de plus en plus militant.

❖ **Comment cette loi est-elle acceptée ?**

D'une part, tous les députés votent à l'unanimité cette loi. Il faut voir qu'il y avait déjà eu des gouvernements libéraux qui avaient été anticommunistes. Je pense que l'anticommunisme faisait l'unanimité. Par contre, des gens comme T. D. Bouchard vont voter en faveur de la loi, mais par la suite, parce que c'est une loi prônée par Duplessis et l'Union nationale, vont agir, vont dénoncer les excès, le manque de précision des termes de la loi. Donc, il y a une espèce de jeu qui va se faire, plutôt opportuniste sur le plan politique. Par contre, il y a une ligue des droits de l'homme, la Société des droits de l'homme qui sera créée dans ces années-là et qui va mener le combat ; des journaux comme celui des étudiants de McGill ; des journaux d'organisations juives et d'organisations syndicales. *Le monde ouvrier,* qui est le principal organe syndical de l'époque, dénonce aussi la loi, même si *Le monde ouvrier* est plutôt anticommuniste en général.

❖ **Le gouvernement fédéral, qui était alors dirigé par le libéral Mackenzie King, aurait pu désavouer cette loi. Pourquoi ne l'a-t-il pas fait ?**

La situation était délicate. Ernest Lapointe, alors ministre de la Justice, avait un an pour désavouer la loi, et cela aurait pu aller en Cour suprême par la suite. Le problème était le suivant : le gouvernement Duplessis venait d'être élu et il était fort et très appuyé par l'opinion publique. L'Assemblée législative, on appelait ainsi l'Assemblée nationale à l'époque, avait voté à l'unanimité. S'opposer, faire une intervention directe contre Duplessis, c'était mal vu, d'autant plus que le gouvernement fédéral dans le passé avait adopté l'article 98 dont on parlait tantôt, même si les libéraux avaient abrogé l'article.

Donc c'était délicat, le ministre Lapointe a choisi de se réfugier derrière le fait qu'il y avait eu unanimité et que c'était impossible pour lui d'intervenir. Effectivement, le ministre n'interviendra pas.

❖ **Y a-t-il eu des gens qui ont eu le courage de dénoncer la « loi du cadenas » et d'affronter ouvertement le gouvernement Duplessis ?**

Monsieur Calder, par exemple, président de la Ligue des droits de l'homme ou la Société des droits de l'homme à l'époque, a mené un combat assez courageux. Ce n'était pas très bien vu d'être associé de près ou de loin à quelqu'un qui était pour les idées communistes ou pas nécessairement radicalement contre. Il a été harcelé, il y a eu des gens qui lui ont fait savoir que ce n'était pas correct. Il y a des étudiants de l'Université de Montréal qui étaient très militants anticommunistes qui allaient saccager les locaux du parti ou des locaux de syndicats jugés trop à gauche à l'époque. À l'instigation du cardinal Léger, par exemple à Montréal, on a constaté ce comportement envers les grévistes du vêtement en 1937.

Mais il y a aussi les militants communistes, les militants socialistes et la CCF qui ont tenté de former un front commun pour s'opposer à la loi. Il y a également, curieusement, des journaux que l'on ne peut pas accuser d'être communistes comme *L'Actualité économique* des HEC, le journal officiel des HEC, qui a dénoncé le caractère complètement antidémocratique d'une telle loi. Également, on a le journal libéral de T. D. Bouchard qui avait dénoncé le côté abusif d'une telle loi. L'Association du Barreau canadien avait fait la même chose ; *La Province* de Paul Gouin, *Le Canada* d'Edmond Turcotte, même si Gouin, Bouchard et Turcotte sont certainement des gens qui ne veulent rien savoir du communisme. Sont-ils opportunistes en voulant combattre à tout prix le gouvernement de l'Union nationale ou leurs principes libéraux leur dictent-ils qu'on ne peut pas avoir une telle loi dans la province de Québec ? Je pense qu'il y a un mélange des deux. Donc, il y a des gens qui se sont levés et qui ont dit non à une telle loi. Mais ce n'était pas un enjeu majeur pour l'immense majorité de la population et, par la suite, la guerre est arrivée. Duplessis a été battu. La loi a été plus ou moins appliquée pendant la guerre parce que le fédéral a appliqué une interdiction complète, totale, du Parti communiste à partir de 1939.

❖ **Quand il y a eu le pacte de non-agression germano-soviétique ?**

Évidemment, le Parti communiste est devenu un ennemi à toutes fins utiles.

❖ **Mais quand l'Allemagne a envahi la Russie en 1941, ça n'a pas changé ?**

Oui. Mais le parti était déjà dans l'illégalité. Un militant m'a raconté qu'il s'était marié à Montréal et qu'en sortant de l'église avec sa famille et les invités la Gendarmerie royale l'attendait. Il a été arrêté. On a négocié avec lui pour qu'il s'exile à Terre-Neuve. Pendant tout le reste de la guerre, il a vécu à Terre-Neuve. Il envoyait ses payes à sa femme et à son jeune enfant. Vous voyez le genre, c'était du harcèlement. Mais le parti va renaître sous un autre nom : le Parti ouvrier progressiste et il pourra refaire tranquillement de la propagande, de l'agitation légale. Pendant plusieurs années, le Parti communiste est illégal et il ne peut pas s'exprimer. Cela a certainement contribué à le rendre de plus en plus marginal.

❖ **Le 8 mars 1957, soit 20 ans après son adoption, la Cour suprême déclare la « loi du cadenas » inconstitutionnelle. À partir de quel événement ce jugement a-t-il été rendu et pourquoi a-t-il fallu attendre 20 ans ?**

Le jugement concerne tout simplement un militant communiste qui a été arrêté. Le propriétaire de l'édifice dans lequel il logeait a voulu le poursuivre en vertu de la loi parce que j'imagine qu'il n'a pas pu payer son loyer pendant les quelques mois où il était en prison. Ce n'est pas une raison très solide pour aller en cour. Et cela a continué jusqu'en Cour suprême. Même si le juge Taschereau du Québec aurait voulu maintenir la légalité de la loi, la majorité des juges a déclaré que la loi était *ultravires*, inconstitutionnelle.

Pourquoi avoir attendu si longtemps ? Je pense que c'est en raison de la guerre froide. À partir de 1947, l'URSS redevient l'ennemi à combattre. Dans les syndicats, on connaît la chasse aux sorcières, par exemple aux États-Unis le maccarthysme. Ici, l'affaire Gouzenko ou l'affaire Fred Rose, le seul député communiste jamais élu (dans Montréal-Cartier) en 1943 et en 1945. En 1946, il est condamné pour espionnage au profit de l'URSS. Il va faire six ans de prison avant de s'en aller vivre en Pologne.

« La loi du cadenas » était utile et a été utilisée dans les années 1940 et 1950. Et, malheureusement, le mouvement syndical était plutôt favorable à l'élimination des communistes dans ses propres rangs. Il n'y avait pas une base suffisante dans l'opinion publique pour remettre en question une loi comme la « loi du cadenas ». Par la suite, à la fin des années 1950, il y a eu un climat de prospérité générale. Le communisme n'était plus dangereux, le Parti communiste était moribond au Québec. Staline était mort. Il y a eu le xxᵉ congrès du Parti communiste soviétique et on parlait presque à ce moment-là de coexistence pacifique. Le climat était bon, le *timing* était bon pour déclarer cette loi *ultravires,* inconstitutionnelle.

Bernard Dionne est professeur d'histoire au collège Lionel-Groulx.

Pour aller plus loin

COMEAU, Robert, DIONNE, Bernard (dir.), *Le droit de se taire. Histoire des communistes au Québec de la Première Guerre mondiale à la Révolution tranquille,* Montréal, VLB, 1989*.

BLACK, Conrad, *Duplessis,* 2 volumes, Montréal, Le Jour, 1977.

BOISMENU, Gérard, *Le duplessisme,* Montréal, Presses de l'Université de Montréal, 1981.

BOURQUE, Gilles, DUCHASTEL, Jules, BEAUCHEMIN, Jacques, *La société libérale duplessiste,* Montréal, Presses de l'Université de Montréal, 1994.

RUMILLY, Robert, *Maurice Duplessis et son temps,* 2 volumes, Montréal, Fides, 1978.

WEISBORD, Merilly, *Le rêve d'une génération. Les communistes canadiens, les procès d'espionnage et la guerre froide,* Montréal, VLB, 1988.

La grève

DE L'AMIANTE

Entretien avec Bernard Dionne

*P*eu de conflits de travail ont eu autant de retentissement que la grève de l'amiante de 1949. Perçue
comme l'exemple type de l'arbitraire et de l'antisyndi-
calisme viscéral du gouvernement Duplessis, la grève de
l'amiante est devenue un véritable symbole de cette
période qualifiée à tort ou à raison de Grande Noirceur.
Dans la préface de l'ouvrage dirigé par un certain
Pierre Trudeau en 1956, Jean-Charles Falardeau écrivait : « Par sa durée, par les événements spectaculaires
dont elle fut la cause, [...] cette grève émeut l'opinion
publique. Pour plusieurs, elle fut l'occasion d'une déci-
sive prise de conscience de nos problèmes sociaux. »

Dans l'avant-propos du même ouvrage, Franck Scott
écrivait : « Tous nous étions convaincus que cet événement avait constitué un tournant dans l'histoire sociale
du Québec. Certes, nous n'avions pas encore le recul
historique nécessaire pour l'embrasser dans toute son
ampleur et pour l'évaluer avec une parfaite justesse. »

Si, en 1956, Franck Scott n'avait pas le recul nécessaire, quarante ans plus tard, il est possible de mieux évaluer et mesurer l'importance de cette grève. Certes, le gouvernement Duplessis n'a pas brillé par son respect du droit des travailleurs, mais peut-on encore prétendre que ce conflit marque véritablement un tournant ? Rien n'est moins sûr. Fait étonnant, la grève de l'amiante et son retentissement vont devenir le cheval de bataille de Pierre Trudeau, Gérard Pelletier, Maurice Sauvé, Jean Marchand, Charles Lussier, Jean Gérin Lajoie qui feront plus tard carrière dans le Parti libéral ou dans la haute fonction publique. Est-ce une coïncidence ou une entreprise systématique de récupération d'un conflit de travail à des fins politiques ?

Quoi qu'il en soit, la grève de l'amiante deviendra un véritable mythe et servira la génération des Trois Colombes et la génération de la Révolution tranquille. Doit-on aujourd'hui réviser l'histoire de la grève d'Asbestos et l'histoire de la Grande Noirceur ?

L'historien Bernard Dionne aborde ce problème dans cette entrevue.

❖ **La grève de l'amiante est déclenchée le 13 février 1949. Quelles sont les demandes des mineurs et par qui sont-ils représentés ?**

Les 5000 mineurs d'Asbestos et de Thetford sont organisés par la CTCC : la Confédération des travailleurs catholiques du Canada, et les revendications sont classiques pour l'époque, par exemple l'augmentation de salaire de quinze sous l'heure pour essayer d'obtenir le mirifique salaire d'un dollar l'heure. Ils demandent également que les compagnies comme Johns Manville ou Johnson, il y a quatre compagnies en cause déduisent à la source la cotisation syndicale à la suite du jugement qui avait été rendu quelques années plus tôt par le juge Rand, la fameuse formule Rand, en vertu de laquelle donc, même si vous n'êtes pas membre du syndicat, la compagnie prélève la cotisation syndicale à la source. Évidemment, ils ne l'auront pas, mais ils le demandaient. Les mineurs demandaient un régime d'assurance-maladie et des mesures contre la poussière d'amiante, cette plaie qu'ils subissaient depuis déjà de nombreuses années.

❖ Comment réagissent la direction de la mine et le gouvernement du Québec ?

D'abord, au Québec à l'époque, il y a une Commission des relations ouvrières mise en place par Duplessis et, pour faire une grève, il faut attendre qu'il y ait eu une sorte de Commission d'arbitrage qui donne un verdict, à la suite duquel les gens peuvent déclarer la grève, et la grève devient légale. Or, les ouvriers et les mineurs sont en colère, ils ne veulent plus rien savoir. La grève est un cri du cœur. Les ouvriers sortent de la mine. Ils ne veulent pas attendre la Commission d'arbitrage parce qu'on sait que les délais sont toujours très longs, évidemment. On sait que la compagnie en profite pour accumuler de la production. Alors les gens disent non, « nous sommes en grève tout de suite » et la grève devient donc illégale. Tout de suite, la Commission des relations ouvrières « désaccrédite » les syndicats ; elle retire l'accréditation syndicale qui permet la légalité de l'action syndicale, et, bien entendu, la compagnie demande tout de suite une injonction puisque la grève est illégale. Donc, injonction : il faut des policiers pour faire respecter la loi. Les policiers arrivent, c'est-à-dire la police provinciale aux manœuvres assez douteuses. On arrive avec des fusils mitrailleurs, et non avec de « sympathiques » petites matraques. Même les images de l'époque le révèlent d'ailleurs. Et la compagnie annonce son intention de poursuivre la production avec des *scabs*, des briseurs de grève, ce qui envenime dangereusement le climat.

❖ **Le recours à la police et à des moyens assez draconiens étaient choses courantes ?**

Oui, c'est tout à fait courant à l'époque. Nous sommes en 1946-1947, on a eu la grève des 6000 ouvriers de la Dominion Textile avec Madeleine Parent et Kent Rowley à Montréal et à Valleyfield. Déjà, la police provinciale était utilisée abondamment lors de ces conflits. Pendant la guerre, il y a eu plein de conflits dans les années 1943 et 1944 où la police provinciale était utilisée. Non, ce n'est pas nouveau. Ce qui est nouveau, c'est l'éclairage qui sera donné à ce conflit par l'intervention de l'Église catholique et des médias. Surtout d'un journal comme *Le Devoir* qui va envoyer sur place Gérard Pelletier. Ce dernier va passer quatre mois à rapporter fidèlement ce qui s'est produit pendant ces événements.

❖ **Quand les médias et l'Église s'intéressent-ils à la grève de l'amiante ?**

On pourrait dire qu'ils s'y intéressent avant que la grève commence. Parce que ce sont des révélations du journal des Jésuites, la revue *Relations*, à propos de ce qui se passe à Saint-Rémi-d'Amherst petite ville dans les Laurentides, où il y a une mine qui appartient à

Noranda Mines et où des dizaines de travailleurs seraient décédés des suites de la silicose. On commence à découvrir le drame de la silicose et de l'amiantose. La revue *Relations* dénonce ces faits au cours de l'été qui précède la grève à Asbestos. Le journal *Le Devoir* s'empare de ces révélations, en fait grand état et envoie son journaliste couvrir tous ces événements. Alors vraiment, c'est un conflit qui est mis sur la place publique contrairement à d'autres qui pourrissaient dans le passé, comme la grève du textile, et qui n'étaient mis en évidence que lorsque l'on arrêtait Madeleine Parent, pour faire un beau cas d'anticommunisme.

❖ **Le 1ᵉʳ mai 1949, Mᵍʳ Charbonneau, évêque de Montréal, organise une quête pour les grévistes. Avait-il l'autorisation de l'Église ?**

Il n'a pas été le seul à faire cette quête. Douze diocèses ont organisé des quêtes qui ont rapporté des dizaines et des dizaines de milliers de dollars à la grandeur de la province de Québec pour les grévistes. C'est devenu la cause du clergé, et je dirais la tendance la plus ouverte et la plus sociale du clergé. Je pense à Gérard Dion, alors directeur de la Commission sacerdotale d'études sociales, qui a dénoncé ces faits en publiant des articles. Il y avait un clergé qui était tout à fait ouvert et qui sentait qu'avec ce conflit, puisque la grève était illégale, puisque les syndicats étaient

« désacrédités », il y avait un danger pour l'existence même du syndicalisme catholique qui, en bonne partie, était sous l'influence du clergé. Cette tendance sociale du clergé est intervenue et on sait que Mgr Charbonneau s'est fait tasser par la suite. Mais tout de même, il a pu le faire et je crois que les autorités de l'Église ont laissé faire ces collectes de fonds pour les grévistes.

❖ L'avait-il fait spontanément où avait-il l'aval de l'épiscopat ?

Il avait l'aval de l'épiscopat. Il ne pouvait pas faire ça spontanément, sinon il se serait fait tasser beaucoup plus rapidement, je crois qu'il avait sous-estimé l'ampleur du mouvement, parce que douze diocèses ont suivi son exemple.

❖ Cette grève a-t-elle été plus violente que d'autres grèves précédentes ou postérieures ?

C'est une grève qui a été très violente. Lorsqu'on a mis en vigueur la Loi anti-émeute, la police provinciale est arrivée et on a vu des cas de tabassage de nombreux syndiqués. Tout le monde a pu voir dans les journaux le lendemain, au mois de mai, ce qui est arrivé quand la police est intervenue. Mais c'est loin d'être un cas exceptionnel. Il y a eu des grèves avec des morts, par exemple la grève de Winnipeg, la grève de Valleyfield, celle de Louiseville, les grèves du vêtement en 1937, la grève de Sorel en 1937, et, chaque fois, il y a eu des affrontements violents, parce qu'il n'y avait pas un Code du travail qui permettait l'exercice légal du droit de grève. Alors le rapport de force était continuellement en défaveur des travailleurs qui devaient recourir à l'illégalité pour faire valoir leurs droits. Mais c'était loin d'être l'exception.

❖ **Comment cette grève de l'amiante s'est-elle terminée et à l'avantage de qui ?**

La grève de l'amiante est une défaite pour le mouvement ouvrier et pour la CTCC. Ils ont gagné cinq sous de plus l'heure. Ils n'ont pas gagné la retenue des cotisations syndicales à la source. Ils n'ont rien gagné sur le plan des mesures de salubrité dans les usines, dans les mines, ils n'ont pas gagné de régime d'assurance-maladie. Les *scabs*, les briseurs de grève, qui ont été engagés par la suite, ont pu continuer, ils avaient de l'ancienneté. Il n'y avait pas de loi *antiscabs* à l'époque. C'est donc une défaite ! Par la suite, lorsqu'est venu le temps du renouvellement des conventions collectives, quelques années plus tard, par mesure de prudence les patrons ont fait quelques concessions intéressantes aux grévistes, aux anciens grévistes, aux travailleurs. Peut-être qu'à long terme cela a été intéressant pour les travailleurs, mais, à court terme, cela a été une défaite importante pour le mouvement syndical.

❖ **Dans l'introduction du livre publié sous la direction de Pierre Trudeau*, on écrit : « Cette grève a marqué l'histoire du Québec. » Est-ce vrai ?**

C'est vrai et ce n'est pas vrai. C'est vrai parce que le clergé est intervenu massivement. Et on pensait que le clergé était rangé derrière Maurice Duplessis, qu'il y avait une certaine alliance Duplessis/clergé. Or, voir le clergé critiquer le gouvernement, c'était relativement nouveau. Cela a pu marquer, cela a mis la question des relations patronales-syndicales sur la place publique. Par contre, en même temps on avait la loi 5, proposée par Duplessis, qui voulait rendre illégale toute association qui avait un ou des dirigeants communistes à leur tête. En même temps, on interdisait le syndicat des marins et on procédait à l'expulsion des dirigeants communistes partout.

Je pense que, quand on regarde les gens qui étaient là : Pierre Trudeau ; Gérard Pelletier ; Maurice Sauvé, qui sera un grand patron du Parti libéral, et qui était à l'époque militant syndical pour le compte du syndicat de la fédération des mineurs ; Jean Marchand qui, comme on le sait, va suivre Trudeau à Ottawa ; et Jean Drapeau, qui était l'avocat des grévistes, on a là une constellation de grandes vedettes qui avaient comme discours principal à l'époque d'être antinationalistes, antiduplessistes et contre le fait que le Québec ait des droits sur la scène des relations fédérale-provinciale ou mette en valeur ses prérogatives dans la Confédération canadienne. Je me demande s'il n'y a pas eu une utilisation du conflit des grévistes, du conflit des travailleurs, des mineurs par une faction de l'intelligentsia québécoise pour faire valoir sa propre vision du monde. D'ailleurs, Trudeau dénonce la doctrine sociale de l'Église à l'époque. Il se fait alors répondre vertement par Jacques Cousineau et par toute la faction engagée socialement du clergé, qui lui dit : « Un instant, vous n'avez rien compris. » Il y a une tendance dans le clergé québécois qui est en faveur de mesures sociales énergiques, de mesures sociales très progressistes à l'époque et Trudeau, qui voulait faire semblant de rien, voulait présenter la tribu québécoise comme une tribu réactionnaire, unanimement réactionnaire derrière Duplessis.

Or, le conflit a révélé que les gens n'étaient pas unanimes du tout au Québec face à cette grève. Dans ce sens-là, oui il y a eu un impact important, mais aussi il y avait tellement d'autres conflits à l'époque qui ont eu des conséquences majeures ; je pense, entre autres, à la grève du textile en 1946-1947.

❖ **Diriez-vous qu'on a mythifié volontairement la grève de l'amiante pour servir les fins politiques de Jean Marchand, Gérard Pelletier, Pierre Trudeau, Maurice Sauvé et Jean Drapeau ?**

Jean Drapeau, on pourrait l'exclure, il avait un rôle secondaire. Mais oui, on a mythifié la grève, cela fait partie du vocabulaire des artisans de la Révolution tranquille. Il y a eu la grève de l'amiante, la bataille contre Duplessis (et la fameuse défaite) et le « Maître chez nous » de 1960. Tout se passe comme s'il y avait un beau courant qui se dégageait vraiment simplement. C'est toutefois simpliste.

❖ **Ce qui m'étonne, c'est qu'il n'y ait pas eu encore de révision de l'histoire de la grève de l'amiante. Comment expliquez-vous cela ?**

C'est que, depuis quelques années, l'historiographie, ou la façon de faire l'histoire du syndicalisme et du mouvement ouvrier, s'est transformée, on a mis l'accent davantage sur les conditions de vie des travailleurs, sur les rapports entre travailleurs et ethnicité, travailleurs et familles, travailleurs et environnement social, travailleurs et culture.

Alors il y a peu de recherches qui se font actuellement sur les structures syndicales et sur les grands conflits. C'est comme si tout avait été dit. J'ai rédigé une thèse où j'ai montré que les principaux syndicats au Québec dans les années 1950, loin d'être des syndicats

catholiques, étaient des syndicats internationaux. Il y a des gens qui n'ont jamais voulu
me croire et qui ne veulent absolument pas le
croire, alors que les chiffres sont là. Vous
aviez, par exemple à Montréal, le Conseil des
métiers du travail de Montréal qui avait
82 000 membres et la CTCC qui n'en avait que
20 000 à 25 000. Et les gens continuent de
penser que ce qui a dominé la scène syndicale
dans les années 1950, ce sont les syndicats
catholiques. Alors que ce n'est pas vrai. Mais
que voulez-vous, il y a des mythes qui ont la
vie dure et il faudrait effectivement faire un
travail de révision ; un révisionnisme sur le
plan de l'histoire du syndicalisme et aussi de
l'histoire des années 1945 à 1960. Je pense que
tout cela a été très sous-étudié et il va falloir
revoir tout cela effectivement.

❖ **Donc, la Grande Noirceur ne serait peut-être
pas une époque aussi noire et aussi arriérée
que l'on a prétendu jusqu'à maintenant ?**

Nommez-moi un gouvernement dans
l'hémisphère occidental qui tolérait les grèves
illégales et qui n'était pas relativement conservateur ? Si l'on prend certains critères, je
pense qu'ils l'étaient tous. Le gouvernement
de Duplessis l'était certainement, mais il y
avait aussi beaucoup d'autres choses qui se
passaient à cette époque. Et la Révolution
tranquille n'aurait jamais été possible sans
toutes les transformations profondes et les

bouleversements majeurs qui sont survenus sur le plan social, économique et politique au cours des années 1950, mais ça, c'est une autre histoire.

Bernard Dionne est professeur d'histoire au collège Lionel-Groulx.

Pour aller plus loin

COMEAU, Robert, DIONNE, Bernard (dir.), *Le droit de se taire. Histoire des communistes au Québec de la Première Guerre mondiale à la Révolution tranquille,* Montréal, VLB, 1989.

BEHIELS, Michael, *Prelude to the Quiet Revolution,* Toronto-Montréal, McGill-Queen's, 1985.

DENIS, Roch, *Luttes de classe et question nationale au Québec, 1948-1968,* Montréal, Les presses socialistes internationales, 1979.

TRUDEAU, Pierre Elliott (dir.), *La grève de l'amiante,* Montréal, Éditions du Jour, 1970*.

De Gaulle

ET LE QUÉBEC

Entretien avec Dale C. Thomson

*L*e 17 mai 1967, le premier ministre du Québec Daniel Jonhson se rend en visite officielle à Paris afin de rencontrer le président de la Ve République, Charles de Gaulle.

Conscient de l'intérêt que de Gaulle porte à la cause du Québec, Johnson n'y va pas par quatre chemins et dit au président français : « Mon général, le Québec a besoin de vous, c'est maintenant ou jamais. Notre peuple vous recevra avec tous les honneurs et l'affection dus à votre rang et à votre personne. »

En cette année de l'exposition universelle de Montréal et du centenaire de la Confédération, de Gaulle peut difficilement refuser et il accepte l'invitation et l'Élysée annonce que le général se rendra en visite officielle au Canada en juillet 1967. Le 15 juillet, à Brest, au moment où il s'embarque à destination du Québec, de Gaulle fait la confidence suivante à Xavier Deneau : « On va m'entendre là-bas. Ça va faire des vagues. » Le 23 juillet, à peine débarqué au quai de

L'Anse-aux-Foulons, de Gaulle salue Québec comme la capitale du Canada français. Le même jour, lors du dîner officiel offert par le premier ministre Johnson au château Frontenac, de Gaulle surprend ses hôtes : « On assiste ici, comme en maintes régions du monde, à l'avènement d'un peuple qui veut dans tous les domaines disposer de lui-même et prendre en main ses destinées... La fraction française du Canada entend aujourd'hui organiser en conjonction avec les autres Canadiens les moyens de sauvegarder leur substance et leur indépendance au contact d'un État colossal qui est leur voisin. »

Discours prophétique qui annonce la déclaration du Balcon de l'hôtel de ville de Montréal ou formule inspirée par l'accueil chaleureux des hôtes québécois et de la population en général ? Aujourd'hui encore, témoins, conseillers et proches du président, journalistes et historiens se perdent en conjectures. De Gaulle voulait-il, souhaitait-il l'indépendance du Québec ? Difficile de se prononcer d'autant plus que la mort a surpris de Gaulle avant qu'il n'ait eu le temps de compléter la rédaction de ses Mémoires.

Dale C. Thompson a retracé l'itinéraire québécois du général de Gaulle des années 1940 à juillet 1967. Dans cette entrevue, il relate les circonstances entourant la visite de juillet 1967 et le célèbre « Vive le Québec libre ! ».

De Gaulle revient au pouvoir en 1958 en France et crée la Ve République. Il fait son premier voyage ici au Canada en avril 1960 et, à ce moment, il avait encore l'impression d'un Canada français et d'un Québec qui était, selon ses termes, plutôt conservateur sinon arriéré. Ainsi a-t-il fait un discours de circonstance très traditionnel, en louangeant l'entente entre les deux groupes linguistiques, la contribution du Canada à la guerre, etc. Il a semblé accepter de toute évidence que c'était un pays où il y avait une minorité francophone, mais dominée par les anglophones. Pourtant, si on lit ses Mémoires et non pas ses déclarations publiques de l'époque, on constate qu'il avait remarqué autre chose : d'un côté, un sentiment d'aliénation chez les francophones et, de l'autre, des remous sociaux, car il est venu seulement quelques semaines avant l'arrivée de Jean Lesage au pouvoir en 1960, et ainsi avant le début de la Révolution tranquille. Il a donc eu la perspicacité de se rendre compte que les choses étaient sur le point de changer. À son retour en France, il a dit à son ministre des Affaires culturelles, André Malraux : « Il s'y passe quelque chose, veuillez suivre cela de près, c'est important pour nous. »

❖ Ces perceptions de la réalité canadienne furent-elles influencées par sa connaissance de l'histoire ?

L'approche de Charles de Gaulle était influencée en tout ce qu'il a fait par sa façon de concevoir l'histoire, et il s'est donné très jeune comme vocation de servir la France historique et de contribuer à sa grandeur. Il disait parfois que, quand les Français sont unis dans une très grande cause, ils sont extraordinaires. Mais en temps de paix, ils sont portés à se diviser entre eux. Il faut donc leur donner un grand objectif. En ce sens, il a su les rallier en 1944 et il a voulu le faire encore en 1958. À propos de sa perception du Québec et du Canada français, il considérait tous ceux qui étaient d'origine française et encore de culture française comme des Français. Ainsi pour lui, les Québécois d'expression française étaient des Français hors de France.

❖ Croyait-il que la France avait une dette envers le Québec ?

Oui, il a appris très jeune — pour employer une expression courante — que la France avait « lâché » les habitants de la Nouvelle-France en signant le traité de Paris en 1763. D'ailleurs leurs descendants n'ont pas raté l'occasion de le lui rappeler. En maintes occasions, on a pu lui faire passer le message qu'ils s'étaient défendus sans la France après avoir été abandonnés et que, s'ils existaient aujourd'hui, ce n'était pas grâce à la France, mais plutôt grâce à leurs propres moyens. En fait, laissaient-ils entendre, ils avaient poursuivi l'œuvre de la Nouvelle-France sans la mère patrie.

❖ **Lors de sa visite à Paris entre le 17 et le 24 avril 1967 qu'a demandé le premier ministre Daniel Johnson au président de Gaulle ?**

Monsieur Johnson avait préparé une série de demandes avant de quitter le Québec. Nonobstant sa devise, Égalité ou Indépendance, il n'était pas séparatiste, mais il s'était engagé dans un processus de réforme constitutionnelle dans le sens de la décentralisation et il cherchait l'appui public de la France, et du général de Gaulle en particulier, dans cette entreprise. Il a dit essentiellement au général : « Votre présence, votre appui que vous nous accorderez, nous sera utile pour faire pression sur Ottawa et les autres provinces en vue d'obtenir plus de sécurité pour la population francophone à l'intérieur du Canada. » Et il enchaîna : « Mon Général, nous avons besoin de vous, c'est très urgent. » Cette sollicitation a sans doute compté pour beaucoup dans le comportement du général lors de son séjour au Québec en 1967.

❖ Comment a-t-il perçu cette demande ?

De Gaulle était arrivé à la conclusion, déjà en 1963, que le Québec devait devenir finalement un État autonome qui négocierait certains rapports avec un autre État anglophone au sein du Canada, les deux mettant en commun certains programmes et services. En ce sens, il devançait les politiciens québécois ; chose certaine, ni Lesage ni Johnson ne voulaient aller aussi loin. En effet, en décidant d'intervenir dans la politique canadienne, il voulait appuyer le projet de Daniel Johnson, mais aussi le dépasser, crever l'abcès. Il a employé l'expression « jeter une pierre dans la mare de grenouilles ». Sous-jacente à cette décision était sa conviction que c'est seulement en temps de crise qu'on peut réaliser des changements sérieux et que seulement une véritable crise offrirait au Québec la possibilité de négocier de nouveaux arrangements avec le reste du pays.

❖ Cette prise de position du général résulterait-elle de la présence d'une mafia québécoise à l'Élysée ?

Il existait ce qu'on appelait une mafia québécoise, un réseau privé de partisans d'un Québec plus autonome, non seulement à l'Élysée et au Quai d'Orsay, mais ailleurs au sein de la fonction publique française. Il s'agissait pour la plupart de membres ou d'anciens membres du Service colonial français qui faisaient un parallèle entre le Québec et les anciennes colonies françaises et qui considéraient que celui-là devait suivre la même évolution vers l'indépendance — dans une association où la France serait prééminente. Ils ont donc manœuvré avec beaucoup d'engouement et d'habileté pour inciter le gouvernement français à prendre des positions favorables à l'autonomie, voire à l'indépendance du Québec. On apprit plus tard que le général de Gaulle était largement d'accord avec leurs agissements, plus d'ailleurs qu'avec ceux de certains ministres et hauts fonctionnaires plus protocolaires. Ainsi les a-t-il encouragés discrètement et a-t-il augmenté leur influence à l'intérieur du gouvernement français et au Québec où ils ont établi des relations étroites avec des fonctionnaires, tels que Claude Morin et Jacques Parizeau, qui partageaient leur façon de voir et d'agir.

❖ **En débarquant à Québec en juillet 1967, quels étaient les objectifs de Charles de Gaulle ?**

Le premier soir au château Frontenac, le général de Gaulle a livré l'essence de son message dans un discours soigneusement préparé pendant sa traversée de l'Atlantique. Il a dit en somme : vous avez maintenant tout ce qu'il vous faut pour faire l'indépendance. Depuis le début de la Révolution tranquille,

vous avez développé une élite, une structure
économique et une structure étatique. Dorénavant, il dépend uniquement de vous de
prendre les choses en main et, à ce propos, la
France est à vos côtés. Bien entendu, et selon
son habitude, il s'exprimait en termes plutôt
voilés, mais avec le recul du temps le sens de
ses mots est devenu clair. Il avait également un
objectif secondaire, celui de s'adresser directement à la population, de stimuler sa confiance
dans le grand projet qu'elle avait épousé et, de
cette manière, de faire pression sur le gouvernement Johnson de passer des belles paroles
aux actions concrètes. Pendant son périple de
Québec à Montréal, il a cherché la façon de
dire au grand public exactement ce qu'il avait
dit à l'élite au château Frontenac, et il a trouvé
la formule à l'hôtel de ville de Montréal.

❖ **Donc, « Vive le Québec libre ! », paroles**
calculées ou réaction émotive ?

La meilleure réponse à cette question m'a
été fournie plus tard par le Secrétaire général
de l'Élysée : « Le Général n'avait pas pensé en
ces termes précis, m'expliqua-t-il, il n'avait pas
prévu l'expression "Vive le Québec libre !",
mais la pensée était déjà en lui et il cherchait
l'occasion de l'exprimer. » Au balcon de
l'hôtel de ville, il s'est trouvé devant une foule
énorme et enthousiaste parsemée d'indépendantistes qui brandissaient des pancartes
portant des messages dont « Vive le Québec

libre ! ». Lorsqu'il lança sa série habituelle de vivats, par exemple, « Vive la France, Vive Montréal et Vive le Québec », les indépendantistes ajoutèrent celui qu'il n'avait jamais exprimé, « Vive le Québec libre ». Un instant, il sembla hésiter, puis sans doute conscient qu'il ne pouvait se dérober devant un tel défi — on l'entend presque dire : je ne serais pas de Gaulle si je le laisse passer — il prit les mots à son compte. D'autant plus qu'il était foncièrement d'accord avec ce qu'ils représentaient. On constate quand même en visionnant cette séquence sur film un instant d'hésitation entre les mots « Québec » et « libre », puis une sorte de plongeon en avant comme s'il avait décidé de faire fi de considérations de prudence et de protocole. Sitôt après, il se retourna et disparut de vue, ouvrant la possibilité qu'il craignait d'être allé trop loin, comme lorsqu'il avait crié « Vive l'Algérie française » dans des circonstances semblables neuf ans plus tôt. À l'appui de cette thèse, on peut évoquer ses premiers mots au premier ministre Johnson en rejoignant celui-ci : « Je crois que je vous ai embêté. » En somme, que ce soit sous les effets de la fatigue ou de l'émotion, de Gaulle a révélé le fond de sa pensée et il a décidé que ce qui était dit était dit et qu'il vivrait avec les conséquences. Il s'est même convaincu que c'était bien ainsi.

❖ **A-t-il été surpris de la réaction d'Ottawa, particulièrement du premier ministre Pearson ?**

Non. En montant à bord du *Colbert* à Brest, le 15 juillet, il avait confié à son gendre qu'il allait « frapper un grand coup » et il prédit : « Ça bardera. » D'un côté, cela faisait son affaire parce qu'il ne voulait pas aller à Ottawa de toute façon. En recevant l'invitation officielle, il avait dit qu'il irait à Ottawa, parce qu'Ottawa il y a, mais cela ne l'intéressait pas beaucoup. Quand le gouvernement Pearson a déclaré son vivat inacceptable, une expression très dure en langage diplomatique, il lui a fourni une raison pour annuler cette partie du voyage, bien entendu en se défendant d'avoir commis un impair. En fait, cette porte de sortie lui a évité d'être obligé de s'expliquer et de faire face sans aucun doute à une réaction hostile.

❖ **Vous écrivez à la page 305* : « Les textes gaulliens de l'entre-deux-guerres insistent beaucoup sur l'auréole de mystère qui est l'apanage nécessaire du chef. Celui-ci doit faire en sorte que les autres ne sachent jamais à quoi s'en tenir sur ses positions et ses intentions politiques. L'aventure québécoise du général est parfaitement conforme à cette règle d'or. » J'aimerais que vous commentiez.**

De fait, cela a toujours été l'essence de sa stratégie politique qui s'est inspirée de sa formation militaire ; les militaires visent à tenir l'ennemi dans l'ignorance la plus complète possible de leurs intentions. Cette obscurité étudiée m'a posé beaucoup de problèmes en préparant ce livre*, et j'ai l'impression que le général aurait été bien déçu si j'avais pu pénétrer complètement cette auréole de mystère dont il s'était si soigneusement enveloppé. C'est certainement le cas du « Vive le Québec libre ! » qui pouvait s'interpréter de plusieurs façons. D'une part, ceux de ses conseillers et amis qui souhaitaient minimiser la portée de ce vivat rappelaient que les mots *libre* et *liberté* étaient monnaie courante à Paris, que tout le monde doit être libre et que tout le monde le leur souhaitait. D'autre part, ceux qui étaient partisans de l'indépendance du Québec y voyaient un appui sans équivoque à cette cause. Au fait, de Gaulle lui-même en a fourni une explication lors d'une conférence de presse à Paris en novembre de la même année. « Que le Québec soit libre, c'est en effet ce dont il s'agit », déclara-t-il, ce qui signifiait « l'avènement du Québec au rang d'un État souverain, maître de son existence nationale, comme le sont de par le monde tant et tant d'autres peuples. » Est-ce là le vrai sens de ces mots dorénavant historiques ? Ou réagissait-il encore en un geste de défi devant ses critiques, particulièrement en France, à qui il en voulait d'avoir condamné son action ? Des doutes subsistent, mais tout compte fait son interprétation personnelle nous paraît toujours la meilleure.

Dale C. Thomson est professeur de science politique à l'Université McGill.

Pour aller plus loin

THOMSON, Dale C., *De Gaulle et le Québec*, Montréal, Trécarré, 1990*.

LACOUTURE, Jean, *De Gaulle*, volume 3, « Le Souverain », Paris, Seuil, 1986.

LESCOP, Renée, *Le Pari québécois du général de Gaulle*, Montréal, Boréal-Express, 1981.

ROUANET, Anne, ROUANET, Pierre, *Les trois derniers chagrins du général de Gaulle*, Paris, Grasset, 1980.

La Crise

D'OCTOBRE 1970

Entretien avec René Durocher,
Dale C. Thomson,
Jean-Claude Robert

À l'été de 1990, l'attention des Québécois a été retenue par la crise d'Oka. Cette crise à peine terminée, les médias retournaient en arrière afin de commémorer le vingtième anniversaire de la Crise d'octobre. Tout avait commencé avec l'enlèvement de l'attaché commercial britannique James Richard Cross à son domicile de Westmount, le lundi 5 octobre par des membres de la cellule Libération. Les felquistes exigeaient la libération de 23 « prisonniers politiques », la lecture du Manifeste du FLQ et une somme de 500 000 $. Le lendemain, le ministre des Affaires extérieures du Canada, Mitchell Sharp, rejetait les exigences des ravisseurs et le premier ministre Trudeau affirmait sa volonté de ne jamais transiger avec des terroristes. Le 9 octobre, un ultimatum du FLQ : si les exigences ne sont pas remplies, Cross sera exécuté. Samedi 10 octobre, *après consultation avec les autorités fédérales, Jérôme Choquette, ministre de la Justice du Québec, propose aux ravisseurs un sauf-conduit afin de quitter le pays en échange de la libération de Cross.*

Quelques minutes plus tard, à 18 h 18, trois membres de la cellule Chénier enlèvent à sa résidence de Saint-Lambert le ministre du Travail du Québec, Pierre Laporte. À Ottawa et à Québec, on s'interroge et on s'inquiète. Deux enlèvements en six jours. Jusqu'où iront les felquistes, quels sont leurs véritables objectifs et quels sont leurs moyens ? Le 11 octobre, Laporte envoie une lettre pathétique au premier ministre Bourassa l'implorant de relâcher les « prisonniers politiques ». Le 13 octobre, Trudeau refuse tout compromis : il n'accepte pas le chantage d'un « pouvoir parallèle ». Les 14 et 15 octobre ont lieu des manifestations de soutien au FLQ. Le 15 octobre, le maire de Montréal, Jean Drapeau, et le premier ministre, Robert Bourassa, s'adressent par écrit à Trudeau pour réclamer des mesures extraordinaires.

Le 16 octobre à 4 heures, le gouvernement fédéral proclame la Loi des mesures de guerre et envoie l'armée au Québec. Dans les heures et les jours qui suivent, 497 personnes seront arrêtées et incarcérées. Le samedi 17 octobre, le corps de Pierre Laporte est trouvé dans le coffre d'une voiture à l'aéroport de Saint-Hubert.

Dès lors, le FLQ perd tout appui populaire, la crise se terminera avec la libération de Cross, le 3 décembre, et l'arrestation des frères Rose et de Francis Simard, les 27 décembre à Saint-Luc.

Pour situer l'événement dans un contexte historique et tenter d'évaluer ses conséquences et son importance, nous avons réuni les historiens René Durocher, Dale C. Thomson et Jean-Claude Robert.

❖ **Le FLQ avait-il une stratégie en octobre 1970 ? M. Durocher ?**

Le FLQ a commencé ses actions en 1963. Ce qui veut dire que, de 1963 à 1970, il y a une histoire du FLQ qui a évolué, qui a été formée de toutes sortes de groupes, de bandes rivales et d'actions diverses. Il y a donc un terrain qui a préparé les événements d'octobre 1970, mais si l'on regarde plus précisément en 1970 il semble bien qu'on n'avait pas songé à enlever des personnes. Puis on a pensé au consul américain ou à celui d'Israël et, finalement, on s'est rabattu sur le consul de Grande-Bretagne. Mais justement en disant on s'est rabattu, c'est dire qu'on fait beaucoup d'improvisation. Là où l'improvisation éclate carrément, c'est dans la suite des événements où l'on sent bien que ces gens-là sont des amateurs. Quand on regarde le terrorisme international, il n'y a pas beaucoup de groupes qui agissent avec autant d'improvisation. D'ailleurs, on le constate avec la cellule qui avait enlevé Pierre Laporte. Globalement, il y a un terrain qui s'appelle le mouvement du FLQ de 1963 à 1970, mais l'action de la Crise d'octobre est carrément improvisée.

❖ M. Thomson, partagez-vous cette opinion ?

Oui, en grande partie. L'élément nouveau chez les felquistes à partir de 1963 était le terrorisme politique au Québec, mais étant donné son caractère plutôt amateur il a été assez vite étouffé. Le premier ministre Lesage intervint vigoureusement et déclara après les premières arrestations que les extrémistes avaient été complètement éliminés et qu'on n'en entendrait plus parler. Il fut trop optimiste. J'ignore si certaines de ces mêmes personnes ont recommencé en 1970, mais la stratégie avait évolué, notamment en y ajoutant la notion de prendre des otages. Les deux principaux groupes semblent en avoir discuté mais ne se sont pas entendus ni sur un plan d'action ni sur une personne cible, et enfin un groupe a passé à l'action pendant que l'autre était absent aux États-Unis, ce qui n'a pas manqué d'envenimer les relations. Rentrant précipitamment, les chefs de ce dernier groupe prirent leur propre otage en la personne du ministre Pierre Laporte. Je me rallie donc à l'avis du directeur de la revue *Liberté*, qui a décrit les événements de 1970 comme une opération « broche à foin », des deux côtés, tant chez les autorités que chez le FLQ.

❖ M. Robert ?

Je suis tout à fait d'accord avec mes deux collègues sur le côté improvisé de la stratégie.

Il est clair qu'on recherchait en fait une action de mobilisation, une action de déclenchement, mais ce qui est également très clair, c'est que le FLQ n'avait prévu aucun mécanisme. À partir de ses événements pour arriver à l'événement qu'ils cherchaient à déclencher, qui devait amener l'indépendance du Québec, dans ce sens-là, il y avait une improvisation sur toute la ligne. Je me dis également, pour revenir un peu sur ce que disait M. Durocher qu'il faut revenir aussi au climat. C'est l'époque où, en France, on avait tous les groupes ; où l'on essayait de mettre de l'avant la nécessité du caractère spontané d'une action, mais, quand une action est trop spontanée, la main droite peut ignorer ce que fait la main gauche et, quand on veut établir une stratégie, on ne va pas loin avec ça.

❖ **Par ailleurs, il y avait un climat qui s'y prêtait à la fin des années 1960. Peut-on dire que les felquistes étaient des romantiques révolutionnaires ? M. Robert ?**

Oui. En fait, ils sont dans le droit fil des mouvements étudiants de la fin des années 1960 où l'on croyait qu'il suffisait de l'engagement et, comme je le disais tantôt, la spontanéité de tout ça renverserait des montagnes pour citer l'Évangile.

❖ M. Durocher ?

Oui, c'est vrai qu'ils sont influencés par ce contexte international. C'est vrai qu'ils lisent cette littérature révolutionnaire, mais je pense que, fondamentalement, ce sont des gens qui ont fait une mauvaise lecture de la réalité québécoise, qui n'avait rien à voir avec celle de l'Amérique du Sud par exemple, ou même de la situation en Europe ou dans les pays colonisés. Je pense que, lorsqu'on exagère à ce point, c'est parce qu'on a mal lu la réalité québécoise. Ils avaient peut-être mal lu les livres aussi, je n'en jugerai pas, mais ils avaient mal lu la réalité québécoise de l'époque.

❖ M. Thomson ?

Oui, je pense que tout cela est vrai. Il reste que, depuis le début des années 1960, quelque chose se préparait. C'était une époque de manifestations populaires, et de toutes tendances, qui indiquaient que le Québec n'était plus une société homogène. On n'a qu'à citer en exemple l'agressivité accrue dont faisaient alors preuve les syndicats. En ce sens, le FLQ faisait partie de la panoplie — bien entendu à l'extrême — des agissements tant réels que verbaux qui marquaient la société.

❖ Comment analysez-vous la réaction des autorités provinciale et fédérale ? M. Robert ?

Le premier mot qui me vient à l'esprit, c'est un état d'impréparation. On n'était pas préparé à ce qui s'est passé et, là aussi, on a réagi en faisant un peu d'improvisation. Quand je dit impréparation, il est très clair, par exemple, qu'au niveau fédéral on était un peu dans le cirage concernant l'état des groupes militants révolutionnaires. J'ai lu que, apparemment, je ne sais pas si c'est le premier ministre Trudeau qui aurait dit : « Comment se fait-il qu'on n'est pas plus informé sur ce qui se passe au Québec ? » Il y avait donc un problème d'information à la base qui était déficient et il y a aussi un autre phénomène sans doute qui a pu jouer, c'est l'effet de distorsion des systèmes d'information. Lorsque, par exemple, les services d'information ont transmis certains renseignements, ils ont pu grossir la réalité et faire en sorte que cette réaction semble une d'étonnement.

(**M. Thomson**) Vous posez la question de la politique de Québec et d'Ottawa face à des actes de terrorisme. Au niveau provincial, nous avions comme premier ministre, Robert Bourassa, un homme encore dans la trentaine et sans expérience comme gestionnaire des affaires publiques avant d'accéder à cette haute fonction. Il est de notoriété publique qu'il éprouvait beaucoup de difficultés à prendre des décisions importantes. Le moins qu'on puisse dire, c'est que le gouvernement était mal préparé à faire face à la situation. Cela était également le cas du gouvernement municipal de Montréal, où les événements avaient lieu, et où la police locale était engagée. Les services de police, tant provincial que municipal, ont vite épuisé leurs ressources seulement en patrouillant les rues et en cherchant le lieu de séquestration du premier otage, James Cross. Quant au gouvernement fédéral, il n'avait pas de législation adéquate en place pour intervenir, surtout s'il s'agissait, comme d'aucuns appréhendaient, d'une insurrection étendue, sauf la Loi des mesures de guerre qui autorisait la suspension des droits civils en certaines circonstances. En outre, afin de la proclamer, il fallait une demande officielle des autorités provinciales. Ce qui fut fait, le maire ayant signalé à Robert Bourassa que la police municipale n'était plus en mesure d'assurer la paix. En somme, ces dispositions s'avérèrent un coup de masse exagéré qui ne se comprend que dans le contexte de tension, voire de peur, surtout à la suite de l'assassinat de Pierre Laporte.

❖ M. Durocher ?

Là-dessus, je vais différer un peu de mon collègue M. Thomson, sur un aspect, quand il dit que le gouvernement fédéral n'avait pas d'autres moyens d'intervention que la Loi des mesures de guerre, qui est évidemment un moyen énorme, surtout en temps de paix. Je pense que le premier moyen qu'avait le gouvernement fédéral, c'était d'envoyer l'armée.

Envoyer l'armée, c'est une chose et ça n'implique pas nécessairement la Loi des mesures de guerre, c'est vraiment deux choses très différentes. On l'a vu à Oka. On peut utiliser l'armée pour jouer un rôle de surveillance, de contrôle, mais en laissant aux gens leurs droits pleins et entiers comme citoyens. Donc, ce sont vraiment deux choses. Et il n'est aucunement prouvé que le simple envoi de l'armée n'aurait pas suffi pour mater une telle rébellion.

Et si je reviens à votre question de la réaction des autorités, évidemment après coup on se dit : comment se fait-il que les gouvernements ne savaient pas ? Le gouvernement savait un peu parce qu'il y avait des felquistes qui étaient en prison. C'était une des demandes, à l'occasion de la Crise d'octobre, de libérer 23 présumés « prisonniers politiques », donc il savait, mais malgré tout, effectivement, ils sont pris par surprise, car une des raisons s'explique par l'improvisation de ce mouvement. C'est difficile de suivre des gens qui improvisent, parce qu'on ne sait pas dans quel sens ils vont aller, et, quand ce sont des amateurs, ça rend la chose plus difficile, au moins dans un premier temps. Donc, le gouvernement provincial a été quelque peu dépassé. Puis la question se compliquait dès le départ parce que le premier enlèvement concernait un diplomate britannique.

D'office cela a impliqué le gouvernement fédéral par des négociations entre le fédéral et le provincial, ce qui n'allait pas simplifier les choses. Et même au niveau fédéral il y a un témoignage récent de Mitchell Sharp qui dit que c'est lui qui avait pris la décision d'autoriser la lecture du communiqué, du manifeste du FLQ et que Trudeau était furieux. Donc même là, il y avait une certaine improvisation au tout début, mais assez rapidement cependant les gouvernements se sont ressaisis et je pense qu'ils ont réagi très rapidement. On peut être d'accord ou non avec leur façon de réagir, mais je pense que l'armée est venue rapidement, que la Loi des mesures de guerre est venue rapidement et que le mouvement a été contenu assez efficacement. Au début, ce fut le désarroi, mais ensuite on s'est réorganisé sans trop tarder, même si la façon est contestable.

❖ **Comment réagissez-vous à l'action d'un premier ministre fédéral qui se prétendait le champion des droits et libertés qui, en 1963, avait dénoncé les tactiques employées par les hommes de loi québécois lors des procès des premiers felquistes et qui, en 1970, impose la Loi des mesures de guerre.**

(M. Durocher) Je pense que c'est un grand débat actuellement au Canada français et au Canada anglais, des deux côtés. Mais il ne faut

pas oublier que Pierre Trudeau était un grand
défenseur des droits individuels, c'est aussi
quelqu'un qui a toujours défendu la loi et
l'ordre, le respect de la Constitution et des
lois. Il n'y a pas qu'une facette dans son caractère et dans son action, il a toujours tenu les
deux bouts de la chaîne. Je pense qu'on ne
peut pas encore répondre à une telle action et
je le dis bien franchement, même si cela ferait
peut-être plaisir à des gens de dire que c'est un
complot contre les indépendantistes de
l'époque, ce n'est pas prouvé. Mais on peut
penser que plus ou moins consciemment on a
voulu associer violence et séparatisme et nuire
à l'un et à l'autre en même temps. C'est pro-
bable, mais on n'en a pas de preuves détermi-
nantes. Chose certaine plusieurs ont eu cette
impression. On voulait profiter de la Crise
d'octobre pour écraser le mouvement dit
séparatiste ou indépendantiste.

Il y avait aussi une autre dimension, à
savoir la formation de tous les groupes de
gauche, toute l'agitation en cours dans la
société québécoise des années 1960. Des gens,
comme le maire Drapeau en particulier,
étaient plus sensibles peut-être à cette dimension d'activisme de gauche qui était très présent à Montréal. Tandis qu'à Ottawa, l'aspect
séparatisme ou indépendantisme frappait
peut-être davantage les dirigeants. Donc, il y
avait un mélange de tout ça qui pourrait finalement expliquer la réaction excessive des

gouvernements. J'avoue tout de même qu'on a encore à recueillir des témoignages, à poursuivre l'enquête sur cette question.

❖ La cause indépendantiste a-t-elle été desservie par la Crise d'octobre ? M. Thomson?

Si l'on se fie aux déclarations de René Lévesque, ce fut certainement le cas, du moins à court terme. Il s'est hâté de condamner ces actes de violence et en a distancé sa formation politique. D'ailleurs, il avait déjà fait de même en ce qui concernait ce qu'on peut appeler des extrémistes verbaux, tel Pierre Bourgault. Il devait se rendre compte que la population du Québec pouvait très bien considérer une forme d'indépendance, mais qu'elle serait rebutée si l'on cherchait à la faire par la violence. Rappelons que cette population était encore, en raison de son expérience et de son histoire, d'orientation très pacifique. La réaction populaire devant l'insurrection de 1837 et les deux guerres mondiales illustrent bien cette disposition d'esprit. J'en conclus que les événements de 1970 ont nui, du moins pour un temps, à l'indépendantisme.

❖ M. Robert ?

Je ne suis pas tout à fait d'accord. J'ai l'impression qu'au contraire ce fut une occasion pour le parti indépendantiste légitime de se démarquer parce qu'il y avait justement un rôle répulsif qui était joué par le FLQ, ce qui a obligé, par exemple, le parti à prendre une position antiviolence dès le départ et aussi d'autant plus vigoureuse qu'il y avait crise. Je pense au contraire que cela a permis au Parti québécois de montrer qu'il y avait d'autres dimensions, d'autres valeurs auxquelles il tenait que strictement la question de l'indépendance. Il a montré, par exemple, qu'il tenait aux valeurs démocratiques, qu'il tenait aux valeurs du respect de la loi et de l'ordre. Alors je pense que les événements d'octobre ont pu servir au Parti québécois pour se démarquer par rapport à cette crise et de cristalliser davantage le débat sur uniquement les aspects de l'indépendance. Par cette affirmation, je pense notamment aux problèmes de Montréal, évoqués précédemment. Il ne faut pas oublier qu'il y avait des revendications sociales à travers le discours felquiste. Je pense aussi à la réaction des gens. Je me rappelle de certains milieux bourgeois de Montréal qui, eux, avaient ressenti les événements d'octobre, non pas comme un événement politique, mais comme une prérévolution. En résumé, c'était important que le Parti québécois puisse se démarquer de tout cela en disant : « Nous, notre combat, il est non violent et il se passe au niveau strictement politique. »

❖ M. Durocher ?

À première vue, cette crise a pu déstabiliser un peu le Parti québécois, mais à très court terme, parce qu'en 1970 le Parti québécois obtient 23 % ou 24 % du vote et en 1973 il en obtient 30 %. Donc, dans l'opinion publique, ce ne fut pas trop grave. Il est certain que la Crise d'octobre, si elle avait eu beaucoup plus d'ampleur et de profondeur, aurait pu nuire considérablement au mouvement indépendantiste, surtout, si le Parti québécois, et en particulier René Lévesque, n'avait pas pris des positions très nettes sur son opposition à la violence dès le départ. Mais René Lévesque n'improvisait pas parce qu'antérieurement dans sa carrière il avait démontré ses convictions démocratiques. Finalement, la Crise d'octobre a fait éclater cet abcès qui était la tentation du terrorisme et de la violence, parce qu'il y en avait beaucoup dans le monde un peu partout. Cependant, sur le plan national, sur le plan canadien, je pense que ces événements n'ont pas non plus servi le Canada. Il y a beaucoup de gens au Canada anglais qui remettent en cause ce qu'on a fait à ce moment-là ; il y avait quelques folichons dans d'autres provinces comme la Colombie-Britanique qui voulaient utiliser la Loi des mesures de guerre contre des groupes activistes. Je pense que cela n'a servi personne, si ce n'est de faire éclater cet abcès qui était la tentation du terrorisme.

❖ **Peut-on dire que le Canada a perdu son innocence avec cette crise ? M. Thomson ?**

Perte d'innocence ? Plutôt un choc terrible. On ne s'est pas reconnu dans cette violence, ici au Québec. Je m'explique en racontant une expérience personnelle à l'époque. Alors que je l'interrogeais sur ce qui se passait, une jeune Québécoise m'a dit, lorsque Cross a été kidnappé, que c'était une bonne blague, d'autant plus qu'il était le représentant de l'Empire britannique, et qu'il serait certainement relâché sain et sauf dans quelques jours. Quand on a enlevé Pierre Laporte, elle était un peu confuse, mais elle a fini par se trouver une raison, en arguant que c'était sans doute un politicien malhonnête. Pourtant, lorsque son cadavre a été découvert, elle était bouleversée et sa première réaction fut de déclarer que prendre la vie d'un homme politique, et surtout « d'un des nôtres », ce n'était pas conforme aux valeurs de la société québécoise. Si cela s'appelle perdre son innocence, c'est ce qui lui est arrivé.

❖ **M. Robert ?**

Je me demande si on n'abuse pas un peu de l'expression : « Perdre son innocence. » Je regarde un peu l'histoire du Canada et je constate qu'on a quand même eu des problèmes pas très jolis parfois. Qu'on pense simplement à la répression des rébellions du

Nord-Ouest, l'assassinat politique ; tout le monde connaît le cas du député McCarthy, il y a déjà eu une intervention de l'armée, en fait une crise de la conscription à Québec qui a fait quelques morts en 1918. Tout ça, finalement, me rend un peu sceptique, peut-être que des gens ont pu découvrir que lorsque les enjeux devenaient très serrés les masques tombaient. Mais, dans l'histoire canadienne, chaque fois que le pouvoir a été remis en question, la réaction n'a jamais tardé. Elle a été assez rigoureuse. Je pense que le Canada n'avait pas nécessairement d'innocence à perdre. Évidemment, ce n'est pas un pays qui a une réputation de violence politique endémique, mais il y en a tout de même eu.

❖ **On avait quand même enfermé les Japonais pendant la Seconde Guerre mondiale.**

En effet ! On avait fait autre chose durant la Première. À mon avis, je ne suis pas étonné, je ne suis pas prêt à dire que le Canada perd son innocence.

❖ **M. Durocher ?**

Je suis bien d'accord avec Jean-Claude Robert pour ce qui concerne la façon d'analyser cette perspective historique, il n'y a pas de pays innocent, parce qu'un pays, par définition, a le monopole de la force et les pays ont utilisé la force au cours de l'histoire. En tout cas l'innocence, je n'y crois pas beaucoup. En ce qui a trait au Québec, il y a eu là-dessus des témoignages assez intéressants. Je pense que la mort du ministre Laporte a vraiment été un tournant. En fait, les gens se sont rendu compte que ce n'était pas une blague, que c'était très sérieux. Et il y avait eu, il faut bien le reconnaître, dans certains milieux une certaine complaisance vis-à-vis du felquisme, vis-à-vis d'une certaine violence, des graffitis, des bombes. Mais là, ça devenait tragique et on perdait son innocence dans le sens où le terrorisme était inacceptable et qu'il ne fallait pas avoir de complaisance à son égard.

❖ **Dans cinquante ans, lorsqu'on parlera de la Crise d'octobre, qu'en restera-t-il finalement ? M. Thomson ?**

À la longue, ce sera envisagé sans doute comme un incident de parcours, mais qui mérite une place surtout dans l'histoire du Québec. Pour le moment, la plupart des anciens felquistes refusent de renier leurs idées et les actions qui en ont découlé et prétendent qu'ils ont ainsi contribué à l'évolution subséquente du nationalisme québécois, et même de la société en général. Pourtant, il est fort improbable qu'ils seraient applaudis s'ils recommençaient. Nonobstant le taux accru de violence criminelle actuellement qui reflète un phénomène mondial, les Québécois sont encore une population très pacifique et font confiance aux procédés démocratiques pour trancher les questions politiques, dont celle de l'indépendance éventuelle du Québec.

❖ M. Durocher ?

C'est toujours difficile de dire dans cinquante ans parce qu'il y a une tendance en histoire à relire le passé à la lumière du présent. Si, dans cinquante ans, le Québec est indépendant, peut-être que l'on dira que cela a été une étape, mais sérieusement cela a été un événement spectaculaire parce que les journaux du monde en ont parlé : l'armée, la Loi des mesures de guerre, mais pas très important. Et lorsque l'on essaie de nous faire croire que c'était important parce que cela a fait évoluer le Québec dans tel ou tel sens, c'est faux. Le Québec a évolué avant le mouvement felquiste et il aurait évolué sans ce mouvement. C'est un événement qui n'est pas capital et il n'en restera sans doute pas grand-chose. C'est un événement, comme il y en a bien d'autres dans l'histoire, mais qui fut spectaculaire, incontestablement.

❖ M. Robert ?

Malgré l'objectif des felquistes, la population n'a pas suivi, elle a refusé la violence pour les raisons que nous avons évoquées. Cela veut dire que cet événement ne sera pas considéré dans la mémoire collective comme un événement mobilisateur.

❖ M. Durocher ?

Sauf que, si l'on regarde tout l'ensemble du mouvement felquiste des années 1960, cela a plus d'importance que juste la Crise d'octobre en soi, comme on nous l'a présentée depuis quelques mois avec les témoins et les gens. L'ensemble du mouvement de 1963 à 1970, cette tentation de la violence fut d'une certaine importance. Je pense que dans l'évolution il faut en parler, mais la crise comme telle est peu significative.

René Durocher est vice-doyen à la Recherche et professeur au département d'histoire de l'Université de Montréal.

Dale C. Thomson est professeur de science politique à l'Université McGill.

Jean-Claude Robert est professeur au département d'histoire de l'UQAM.

Pour aller plus loin

LINTEAU, Paul-André, DUROCHER, René, ROBERT, Jean-Claude, *Histoire du Québec contemporain*, tome 1, Montréal, Boréal, 1986.

LINTEAU, Paul-André, DUROCHER, René, ROBERT, Jean-Claude, RICARD, François, *Histoire du Québec contemporain*, tome 2, Montréal, Boréal, 1986.

ROBERT, Jean-Claude, *Du Canada français au Québec libre*, Paris, Plon, 1975.

THOMSON, Dale C., *Jean Lesage et la Révolution tranquille*, Montréal, Trécarré, 1984.

COMEAU, Robert, COOPER, D., VALLIÈRES, P., *FLQ : un projet révolutionnaire*, Montréal, VLB, 1990.

FOURNIER, Louis, *Le FLQ, histoire d'un mouvement terroriste*, Montréal, Québec/Amérique, 1982.

LAURENDEAU, Marc, *Les Québécois violents*, Montréal, Boréal, 1990.

SIMARD, Francis, *Pour en finir avec octobre*, Montréal, Stanké, 1982.

Table des matières

COMPOSÉ EN MINION CORPS 11
SELON UNE MAQUETTE
RÉALISÉE PAR PIERRE LHOTELIN
CET OUVRAGE A ÉTÉ ACHEVÉ D'IMPRIMER
EN OCTOBRE 1995 SUR LES PRESSES DE AGMV
À CAP-SAINT-IGNACE, QUÉBEC
POUR ANDRÉE LAPRISE QUI A ASSUMÉ LA TÂCHE
D'ÉDITEUR POUR LE COMPTE DES ÉDITIONS DU SEPTENTRION